Das ist prima

prima 5 ist der fünfte Band eines Deutschlehrwerks für Jugendliche. Dieser Band führt zur Niveaustufe B1 des Gemeinsamen europäischen Referenzrahmens und bereitet auf das Zertifikat Deutsch vor.
Die Bände 1 und 2 führen zur Niveaustufe A1, die Bände 3 und 4 zur Niveaustufe A2.

Das **Schülerbuch prima 5** enthält **22 Einheiten**, sieben **Trainings-Einheiten** sowie einen **Anhang**.
Die **Einheiten** bestehen jeweils aus vier Seiten. In den klar gegliederten Lernsequenzen werden die sprachlichen Strukturen und die vier Fertigkeiten systematisch ausgebaut sowie landeskundliches Wissen über die deutschsprachigen Länder vermittelt. Im Sinne des europäischen Sprachenportfolios schreiben die Schüler und Schülerinnen regelmäßig Ich-Texte.
Die **Trainings-Einheiten** nach jeder dritten Einheit ermöglichen eine gezielte Vorbereitung auf das Zertifikat Deutsch und andere Abschlussprüfungen. Hier werden sowohl die Fertigkeiten Sprechen, Hören, Lesen und Schreiben sowie die Aussprache geübt als auch die Prüfungsformate trainiert.
Im **Anhang** gibt es eine nach Einheiten geordnete Wortliste mit dem Lernwortschatz, eine Liste unregelmäßiger Verben, der Verben mit Präpositionen sowie eine Übersicht wichtiger Redemittel zur Strukturierung von Gesprächen.

Das **Arbeitsbuch** mit integrierter Lerner-Audio-CD für die Hörübungen unterstützt die Arbeit mit dem Schülerbuch durch umfangreiches Übungsmaterial. Zur schnellen Orientierung für Lehrer und Lehrerinnen gibt es zu jedem Lernabschnitt im Schülerbuch unter der gleichen Nummer im Arbeitsbuch ein passendes Übungsangebot.

Die **Audio-CDs zum Schülerbuch** enthalten die Dialoge, Hörtexte und die Übungen zur Aussprache.

Unter **www.cornelsen.de** gibt es für die Arbeit mit **prima** Zusatzmaterialien, Übungen und didaktische Tipps sowie interessante Links.

Wir wünschen Ihnen viel Spaß
und Erfolg beim Deutschlernen mit

prima

Inhalt

6 **1 Vorbilder**
Das lernst du: Biografien verstehen • Über eine Statistik sprechen • Über Vorbilder sprechen • Einen Text über Vorbilder schreiben
Grammatik: Verben mit Präpositionen • Fragewörter • *sowohl ... als auch*

10 **2 Beruf**
Das lernst du: Über Berufe sprechen • Etwas erklären • Einen Fragebogen beantworten • Über Stärken und Schwächen sprechen
Grammatik: Relativsätze (Nominativ und Akkusativ)

14 **3 Träume und Wünsche**
Das lernst du: Wünsche äußern • Bedingungen nennen • Über Zukunftspläne sprechen • Alternativen nennen
Grammatik: Konjunktiv II: *sein/haben, würde*-Form, Modalverben • *entweder ... oder – weder ... noch*

18 **T1**
Sprechen üben: Wortakzent und Vokallänge • **Schwerpunkt: Sprechen – sich selbst vorstellen** • Hören: Ansagen • Schreiben: E-Mail • Lesen: E-Mail (Sprachbausteine) • Lesen – Zeitungsartikel • Portfolio: Text über Lernerfolge und Zukunftspläne

22 **4 Familie**
Das lernst du: Familien beschreiben • Begriffe definieren • Über die Rollen in der Familie diskutieren • Eine Grafik verstehen
Grammatik: Relativsätze mit Präpositionen • Genitiv Plural

26 **5 Wohnen**
Das lernst du: Den eigenen Lieblingsort beschreiben • Sprichwörter über Ordnung verstehen • Einen Leserbrief zum Thema „Aufräumen" schreiben • Wohnungsanzeigen verstehen • **Grammatik:** Relativpronomen: *was, wo, wie* • Infinitiv mit *zu*

30 **6 Zukunft**
Das lernst du: Vorhersagen verstehen/machen • Über zukünftige Entwicklungen sprechen • Ein Brainstorming machen
Grammatik: Verb *werden* + Infinitiv

34 **T2**
Sprechen üben: interessant sprechen • Sprechen: den Haushalt im Ferienlager planen • Lesen: Sprachbausteine • Lesen: Anzeigen • **Schwerpunkt: Hören – Interview** • Portfolio: Text zum Thema „Wohnen"

38 **7 Essen**
Das lernst du: Bilder beschreiben • Essen bestellen • Sich beschweren • Über den Geschmack von Essen sprechen
Grammatik: *da(r)* + Präpositionen • Superlativ

42 **8 Gute Besserung**
Das lernst du: Einen Termin vereinbaren • Gesundheitsprobleme beschreiben • Ratschläge formulieren • Eine Gebrauchsanweisung verstehen • Den Zweck / das Ziel nennen • **Grammatik:** Reflexivpronomen im Dativ • Sätze mit *damit*

46 **9 Engagement**
Das lernst du: Meinungen äußern • Texte zum Thema „Engagement" verstehen • Eine E-Mail beantworten
Grammatik: Sätze mit *obwohl* • *wofür – dafür, worüber – darüber ...*

50 **T3**
Sprechen üben: wichtige Informationen betonen • Sprechen: über ein Bild sprechen • Hören: Anrufbeantworter • Lesen: Packungsinformation • **Schwerpunkt: Schreiben – Vom Wort zum Text** • Portfolio: „Mein Engagement"

54 **10 Geld verdienen und ausgeben**
Das lernst du: Über Geldverdienen sprechen • Über Vor- und Nachteile von Nebenjobs sprechen • Etwas reklamieren/umtauschen
Grammatik: Zwei Ergänzungen im Satz

58 **11 Die Politik und ich**
Das lernst du: Den Zweck von etwas nennen • Meinungen äußern und begründen • Einen Vortrag halten
Grammatik: Präteritum • Sätze mit *um ... zu*

62 **12 ... liebt mich ... liebt mich nicht ...**
Das lernst du: Über Gedichte sprechen • Über Gefühle sprechen • Menschen charakterisieren • Über zeitliche Abläufe sprechen
Grammatik: Sätze mit *seit, als, bevor*

66 **T4**
Sprechen: verständlich sprechen / was tun, wenn man ein Wort nicht findet · **Schwerpunkt: Sprechen – eine Präsentation vorbereiten** · Hören: Gespräche · Lesen: Sprachbausteine · Lesen – Anzeigentexte · Schreiben: Brief · Portfolio: Sich in der Politik engagieren

70 **13** **Planet Erde**
Das lernst du: Überraschung/Zweifel äußern • Über Umweltprobleme sprechen • Einen Sachtext verstehen
Grammatik: Indirekte Fragesätze (Wiederholung) • Präposition *wegen* + Genitiv

74 **14** **Schönheit**
Das lernst du: Personen beschreiben • Meinungen begründen • Beim Kleidungskauf beraten
Grammatik: Adjektivdeklination (Wiederholung) • *derselbe, dasselbe, dieselbe …*

78 **15** **Reisen**
Das lernst du: Über Reisepläne sprechen • Reiseangebote auswählen • Einen Beitrag in einem Internetforum schreiben
Grammatik: Präpositionen mit Genitiv: *außerhalb, innerhalb, während* • Partizip I als Attribut

82 **T5**
Sprechtraining: vorschlagen und reagieren · Sprechen: gemeinsam eine Aufgabe lösen · Hören: Ansagen aus dem Radio · **Schwerpunkt: Lesen – Zeitschriftenartikel** · Schreiben: Brief · Portfolio: „Meine schönste Reise"

86 **16** **Spaß haben**
Das lernst du: Über Extremsport sprechen • Jemanden überzeugen • Einen Brief schreiben • Eine Grafik verstehen
Grammatik: Indirekte Frage mit *ob*

90 **17** **Technik**
Das lernst du: Fähigkeiten von Robotern beschreiben • Einen Text über die Geschichte der Roboter verstehen • Eine Diskussion führen • Einen Leserbrief schreiben • **Grammatik:** Passiv • Das Verb *lassen*

94 **18** **Dreimal Deutsch**
Das lernst du: Über typische Dinge in D, A, CH sprechen • Einige Dialektwörter verstehen • Über Vorurteile sprechen • Über Sprachen und ihre Verbreitung sprechen • Ein Referat vorbereiten • **Grammatik:** *miteinander, füreinander, übereinander*

98 **T6**
Sprechtraining: Bausteine zum Sprechen · Sprechen: Gespräch über ein Thema · **Schwerpunkt: Hörstrategien** · Hören: Aussagen zu einem Thema · Schreiben: Leserbrief · Lesen: Überschriften Texten zuordnen · Portfolio: Freizeit von Jugendlichen

102 **19** **Berufsleben**
Das lernst du: Stellenanzeigen verstehen • Über Qualifikationen für eine Stelle sprechen • Über Erwartungen an eine Stelle sprechen • Eine Bewerbung schreiben • **Grammatik:** Adjektivdeklination ohne Artikel

106 **20** **Mach keinen Stress!**
Das lernst du: Über Konflikte sprechen • Streitgespräche führen • Einen Text über Mediation verstehen • Über Mediation diskutieren
Grammatik: *einer, eins, eine, keiner …* • *Je …, desto …*

110 **21** **Mauer – Grenze – Grünes Band**
Das lernst du: Über geschichtliche Ereignisse sprechen • Über Abläufe in der Vergangenheit sprechen • Ereignisse vergleichen
Grammatik: Plusquamperfekt, Sätze mit *nachdem*

114 **22** **Tod im Grünen Band**
Das lernst du: Einen Krimi lesen

118 **T7**
Sprechen üben: deutlich sprechen · Sprechen: fragen und antworten · Hören: Aussagen verstehen · Lesen: E-Mails verstehen · **Schwerpunkt: Schreiben – Bewerbungsschreiben** · Portfolio: Erinnerungen an die Schulzeit

122 **Anhang**
Unregelmäßige Verben 122 • Verben mit Präpositionen 125 • Deine Wörter 128 • Redemittel 141

1 Vorbilder

Lernziele

- ★ Biografien verstehen
- ★ Über eine Statistik sprechen
- ★ Über Vorbilder sprechen
- ★ Einen Text über Vorbilder schreiben

1 Leute

a Kennst du eine von den Personen? Was weißt bzw. vermutest du über sie?

A ist wahrscheinlich ...

Er war Musiker. Er hat vor ungefähr ... gelebt.

b Vor dem Hören: Sammelt W-Fragen zu den Fotos.

Wie heißt ...? Was ...? Wo ...?

CD 2–3 **c Du hörst zwei Texte. Zu welchen Personen passen sie?**

d Lies die Fragen. Hör noch einmal und beantworte die Fragen.

Text 1: Wo ist er geboren? Wie lange ist er schon tot? Was war sein Beruf? Hat er gut verdient?
Text 2: Wie war er in der Schule? Wann hat er den Nobelpreis bekommen? Wo hat er gelebt?

Vom Bürgerkind zum Box-Idol

REGINA HALMICH hat das Frauenboxen populär gemacht. Ihre letzten Kämpfe haben Millionen TV-Zuschauer gesehen. Halmichs Erfolgsgeschichte hat 2001 mit einem Showkampf gegen TV-Moderator Stefan Raab begonnen.

Sie hat den Kampf gewonnen und dem Moderator die Nase gebrochen. Plötzlich war sie bekannt. Sechs Jahre später, 2007, hat sie ihre Karriere als Weltmeisterin beendet. Von 56 Profikämpfen hat sie nur einen verloren und 16 durch K.o. gewonnen.

Die andere Seite

Die Karlsruherin interessiert sich für Musik und Bücher. Sie schwärmt für Eiscreme und Mode und hat eine eigene Kosmetikmarke. Seit einigen Jahren engagiert sie sich für das „Bündnis für Straßenkinder in Deutschland". Regina Halmich arbeitet mit Jugendprojekten zusammen und trainiert Jugendliche. Sie will zeigen, dass Engagement und Selbstvertrauen gegen die Hoffnungslosigkeit stark machen. Das Bündnis sagt, dass etwa 9000 Jugendliche und junge Erwachsene in Deutschland auf der Straße leben.

Die Karriere

Regina Halmich hat Judo und Karate gemacht, bevor sie über das Kickboxen 1992 zum Boxsport gekommen ist. Seitdem kämpft sie für die Anerkennung ihrer Sportart und gegen die Vorurteile der Männer. Wie beliebt sie bei Box-Fans ist, zeigen auch die Ergebnisse von vielen Sportlerwahlen. Den Titel „Boxerin des Jahres" hat sie mehrere Jahre hintereinander bekommen. Nur beim Geld konnte sie sich nie gegen die Männerkonkurrenz durchsetzen. Trotzdem hat sie am Ende immerhin 300 000 Euro pro Kampf verdient und war die bestbezahlte Boxerin der Welt.

2 Regina Halmich

a Lies den Zeitungsartikel. Was steht im Text: a, b oder c?

1. Regina Halmich war …
   a) Profisportlerin.
   b) Designerin.
   c) Model.
2. Sie ist berühmt seit …
   a) 1992.
   b) 2001.
   c) 2007.
3. Boxerin des Jahres war sie …
   a) 1992.
   b) nie.
   c) mehrmals.
4. Sie engagiert sich für …
   a) Judo.
   b) Straßenkinder.
   c) Musik.

b Zu welchen Wörtern im Text passen diese Erklärungen?

1. eine Gruppe von (engagierten) Leuten 2. jemand mag eine Sportart sehr 3. keine verdient genauso viel

c Was steht im Text? Schreib je einen Satz zu diesen Stichwörtern.

1. Karriere 2. Engagement 3. Geld 4. Interessen

d Was hältst du von Frau Halmich? Was findest du interessant, überraschend, gut, nicht gut? Schreib drei Sätze und benutze die Sätze für ein Gespräch.

Ich finde, dass Regina Halmich …
Ich finde interessant, dass …
Mich hat überrascht, dass …
Mir gefällt Regina Halmich (nicht), weil …
Ich glaube nicht …, dass …, weil …
…, aber ich finde (nicht) gut, dass/wenn …
Ich finde es gut, wenn Frauen …

Ich finde, dass Regina Halmich eine interessante Sportlerin ist, weil sie Frauenboxen bekannt gemacht hat.

3 Verben mit Präpositionen

a Mit welchen Präpositionen stehen diese Verben im Text auf Seite 7?

kämpfen • beginnen • sich engagieren • sich interessieren • sich durchsetzen

b Lies 1 und 2 und ergänze das „Denk nach". Beantworte dann die Fragen.

1 Womit hat ihre Karriere begonnen?
2 Wogegen konnte sie sich nicht durchsetzen?

Denk nach

Fragewörter

Wofür engagierst du dich? **(Sache)**	⇨ Für soziale Projekte.
Für wen engagierst du dich? **(Person)**	⇨ Für Straßenkinder.
... kämpft sie?	⇨ Gegen die Vorurteile.
... kämpft sie?	⇨ Gegen Stefan Raab.

! Präposition beginnt mit einem Vokal: in ⇨ worin, über ⇨ worüber, ...

Eine Liste der Verben mit Präpositionen findest du im Lehrbuch auf Seite 137.

c Lies das „Denk nach". Schreib die Fragen zu den Antworten 1–8. Fragt dann in der Klasse.

1. Wir interessieren uns **für** Mode.
2. Ich ärgere mich **über** intolerante Menschen.
3. Wir freuen uns **auf** die Ferien.
4. Er telefoniert oft **mit** Jitka.
5. Sie engagieren sich **für** den Umweltschutz.
6. Fredo freut sich **über** jeden Sieg vom 1. FC Köln.
7. Riza kümmert sich oft **um** meinen Bruder.
8. Du musst dich **gegen** deine Schwester durchsetzen!

Wofür interessiert ihr euch?

4 Vorbilder der Deutschen

a Hast du ein Vorbild? Notiere drei Eigenschaften von ihm/ihr.

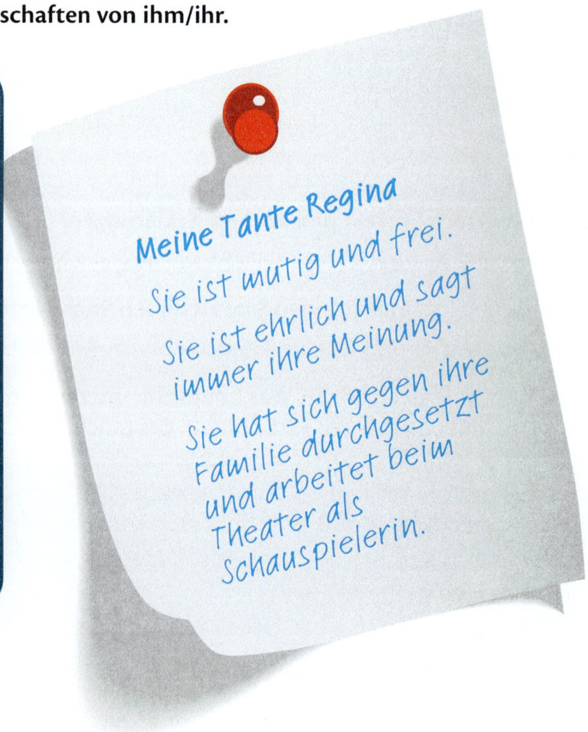

b Lies die Statistik und ergänze die Sätze.

Nach einer Umfrage des Magazins „Stern“ stehen auf den Plätzen 1–5 der Vorbilder der Deutschen:

1	die eigene Mutter	35,00 %
2	Mutter Teresa	34,90 %
3	der eigene Vater	32,50 %
4	Nelson Mandela	31,70 %
5	Gorbatschow	31,10 %

(Die Befragten konnten mehrere Personen nennen. Deshalb liegt die Summe über 100%.)

An erster Stelle mit ... % steht ...

Auf Platz ...

An ... Stelle ... mit ...

Ich finde interessant, dass ...

c Macht eine Statistik für eure Klasse. Sammelt zuerst Namen an der Tafel. Dann kann jeder sechs Punkte verteilen, aber pro Person maximal drei.

5 Was ist ein guter Text?

a Lies die Texte 1 und 2. Welcher ist besser?

Text 1

Mein Vorbild heißt Nelson Mandela. Sein Leben war nicht einfach, denn er hat gegen den Rassismus in Südafrika gekämpft und musste deshalb 27 Jahre ins Gefängnis. Nach dem Ende der Apartheid war er Präsident von Südafrika. Die weißen Rassisten haben ihn bekämpft und trotzdem war er immer für den Dialog zwischen weißen und schwarzen Südafrikanern. Er hat sich sowohl für Kinder und Jugendliche als auch für den Kampf gegen AIDS engagiert.

Text 2

Mein Vorbild heißt Nelson Mandela. Nelson Mandelas Leben war nicht einfach. Nelson Mandela hat gegen den Rassismus in Südafrika gekämpft. Nelson Mandela musste deshalb 27 Jahre ins Gefängnis. Nach dem Ende der Apartheid war Mandela Präsident von Südafrika. Die weißen Rassisten haben Mandela bekämpft. Trotzdem war Mandela immer für den Dialog zwischen weißen und schwarzen Südafrikanern. Mandela hat sich für Kinder und Jugendliche engagiert. Mandela hat sich für den Kampf gegen AIDS engagiert.

b Notiere alle Unterschiede zwischen Text 1 und 2.

c *Sowohl ... als auch* – Lies das „Denk nach“ und schreib Sätze über dich.

Denk nach

Ich möchte **sowohl** gut Geld verdienen
als auch eine sinnvolle Arbeit haben.
Ich spiele **...** Fußball **...** Basketball.

Ich will sowohl …
Ich kann sowohl …
Ich muss sowohl …
Ich mag sowohl …
Ich höre … …

d Schreib einen Text wie in 5a. Beachte die vier Schritte:

1. Stichworte/Ausdrücke sammeln.
2. Stichworte ordnen.
3. Den Text schreiben.
4. Den Text korrigieren.

2 Beruf

Lernziele

- ★ Über Berufe sprechen
- ★ Etwas genauer erklären
- ★ Einen Fragebogen beantworten
- ★ Über Stärken und Schwächen sprechen

1 Berufe beschreiben

a Sieh die Bilder an. Wohin passt die Sprechblase? Schreib Sprechblasen für die anderen Bilder.

Ich bin gern mit Menschen zusammen. Ich bin glücklich, wenn ich Menschen helfen kann.

b Zu welchen Bildern passen die Wörter und Ausdrücke?

die Universität	das Gebäude	die Wissenschaft	die Forschung
die Bank	Auskunft geben	der Anwalt / die Anwältin	der Kunde
beraten	helfen	pflegen	kreativ sein
waschen	organisieren	das Altenheim	das Gesetz
mit den Händen arbeiten	das Rezept	das Geschäft	untersuchen
planen	zeichnen	bauen	renovieren
die Praxis	pflanzen	vertreten	das Krankenhaus
bedienen	verschreiben	der Vertrag	die Baustelle

2 Ausbildung und Beruf

a Lies die Texte A–D. Wer arbeitet schon, wer ist noch in der Schule?

A

Ich heiße Isabel Antun. In drei Jahren bin ich mit der Schule fertig und dann möchte ich Physik studieren. Eine Wissenschaftlerin, die ich kenne, hat mir von ihrem Beruf erzählt und seitdem möchte ich das auch werden. Ich weiß, dass es nicht einfach ist. Die meisten, die Physik studieren, hören auf oder werden Lehrer. Aber ich möchte Forscherin werden. Ich möchte an einem Institut arbeiten, das das Weltall erforscht.

Ich heiße Rachel Braun. Ich mache in zwei Jahren Abitur, aber ich weiß schon, was ich werden will. Ich will eine Arbeit, die mir Spaß macht. Ich arbeite gerne mit den Händen. Landschaftsgärtnerin ist ein Beruf, der auch sehr kreativ ist. Man kann mit Blumen und Pflanzen „Bilder malen". Die Ausbildung dauert drei Jahre. Vielleicht studiere ich danach noch Architektur und werde Landschaftsarchitektin.

B

C

Mein Name ist Georg Kloni. Der Beruf, den ich mal mache, muss gut bezahlt sein. Ich weiß, dass ich als Jurist auch viel arbeiten muss. Der Vater von einem Freund, der Rechtsanwalt ist, verdient sehr viel Geld, arbeitet aber auch sehr viel.
Die meisten Leute, die heute Jura studieren, arbeiten später in großen Firmen. Da verdient man gut, aber die Arbeit, die man machen muss, ist oft langweilig. Deshalb will ich Rechtsanwalt werden und in einer großen Anwaltskanzlei arbeiten.

Ich heiße Ono Baier. Ich will einen Beruf haben, der mit Menschen zu tun hat und der mir Spaß macht. Deshalb will ich als Altenpfleger arbeiten. Ich lerne zur Zeit bei einem Pflegedienst. Wir besuchen alte Menschen zu Hause, die nicht mehr ohne Hilfe leben können, und helfen ihnen beim Waschen, Wohnungputzen, Essen und Einkaufen.
Am liebsten gehe ich zu einem Mann, der seit 25 Jahren allein lebt. Er ist 95 Jahre und früher war er einmal Pilot.
Fast keiner versteht, dass ich das machen will, weil Altenpflege eine harte Arbeit ist, die nicht sehr gut bezahlt ist. Aber in ein paar Jahren will ich selbständig arbeiten.

D

b Lies noch einmal und ergänze 1–8.

1. Isabel weiß schon lange …
2. Sie möchte …
3. Rachel arbeitet gerne …
4. Sie möchte …
5. Georg will …
6. Er weiß …
7. Ono macht eine Ausbildung zum …
8. Er weiß, dass man als …

c Sprecht über die Texte. Was möchtet ihr gerne machen?

Nach der Schule möchte ich zuerst …, danach …
Ich weiß noch nicht, was ich machen will, aber vielleicht …
Mein Vater / Meine Mutter ist …, das möchte ich …
Wenn es klappt, dann studiere ich …
Ich will (nicht) studieren, weil …

3 Etwas genauer sagen – Relativsätze

a Wie steht das in den Texten A–D? Lies vor.

1. an einem Institut arbeiten – das Institut erforscht das Weltall
2. eine Arbeit – die Arbeit macht Spaß
3. ein Beruf – der Beruf ist kreativ
4. die Arbeit ist langweilig – man muss die Arbeit machen
5. Menschen besuchen – die Menschen können ohne Hilfe nicht leben
6. eine harte Arbeit – die Arbeit ist nicht gut bezahlt

b Nominativ: Ergänze die Relativpronomen im „Denk nach" und schreib 1–4.

Denk nach

Nominativ Ich möchte einen **Beruf**, **der** interessant ist.
Ich möchte eine **Arbeit**, **...** interessant ist.

Der Relativsatz steht nahe bei dem Nomen, das er genauer definiert.
Das **Geld**, das auf dem Tisch liegt, ist für dich.

1. Ich will einen Beruf haben ▼. Der Beruf macht mir Spaß.
2. Alle wollen eine Arbeit haben ▼. Die Arbeit ist interessant.
3. Das Buch ▼ gehört mir. Das Buch liegt auf dem Tisch.
4. Meine Freundin ▼ ist nervös. Die Freundin fährt nach Deutschland.
5. Mein Bruder ist ein Mensch ▼. Der Bruder liest nicht gern.

Ich will einen Beruf haben, der mir Spaß macht.

c Akkusativ – Lies das „Denk nach" und schreib dann die Sätze 1–5.

Denk nach

A Der Beruf ▼ muss gut bezahlt sein.
Ich mache **den** Beruf später mal.

B Der **Beruf**, den ich später mal mache, muss gut bezahlt sein.

1. Musiker ist ein Beruf ▼. Nur wenige können den Beruf machen.
2. Der Junge ▼ will Altenpfleger werden. Ich habe den Jungen gestern getroffen.
3. Physik ist ein Studium ▼. Nur wenige schaffen das Studium.
4. Rachel möchte Gärten planen ▼. Alle finden die Gärten schön.
5. Kinderarzt ist ein Beruf ▼. Den Beruf möchten viele machen.

Musiker ist ein Beruf, den ...

4 Besondere Berufe

Wähle einen Beruf aus und erfinde eine Erklärung. Die anderen raten.

Hochzeitsplaner/in	Klavierbauer/in
Glaser/in	Ernährungstechniker/in
Energieberater/in	Papiermacher/in
Buchbinder/in	Museumspädagoge/-gin
Bibliothekar/in	Uhrmacher/in
Fußpfleger/in	Rettungsschwimmer/in
Spiele-Entwickler/in	Hausverwalter/in
Käser/in	Lebensmittelkontrolleur/in

Das sind Leute, die Feste planen. Jemand, der heiratet, kann diese Leute engagieren.

Hier gibt es Informationen zu den Berufen:
www.berufenet.arbeitsagentur.de/berufe/berufe-beschreibungen.html

Ein Fragebogen

1. Ich gehe noch … Jahre in die Schule bis zu meinem Schulabschluss.
2. Ich lerne [a] gern / [b] nicht gern.
3. Ich spreche … Sprachen, und zwar …

Ich kann …

4. Menschen helfen, die Probleme haben.
5. kochen.
6. backen.
7. Dinge bauen.
8. Computer installieren.
9. Computerprogramme erklären.
10. einen Haushalt organisieren.
11. elektrische Geräte installieren.
12. elektrische Geräte reparieren.
13. Fahrräder reparieren.
14. auf Kinder aufpassen.
15. Kleidung nähen/reparieren.
16. einen Garten pflegen/anlegen.
17. eine Wohnung renovieren.
18. singen.
19. ein Musikinstrument spielen.
20. Haare schneiden.
21. gut verkaufen.
22. Menschen beraten.
23. Meine liebsten Schulfächer sind …
24. Und das kann ich auch noch: …
25. Ich bin gern mit Menschen zusammen.
26. Ich spreche gern.
27. Ich bin meistens [a] gut gelaunt / [b] nicht so gut gelaunt.
28. Ich bin [a] sportlich / [b] nicht so sportlich.
29. Ich lese gern [a] Bücher / [b] Zeitungen / [c] …
30. Ich arbeite gern [a] mit vielen Menschen / [b] allein.
31. Ich möchte selbständig arbeiten.
32. Ich finde es gut, wenn man mir genau sagt, was ich tun muss.
33. Ich arbeite gern [a] draußen / [b] am Schreibtisch.
34. So habe ich in meinem Leben schon mal Geld verdient: …
35. Das ist für mich im Arbeitsleben wichtig: … (3 Sätze)

5 Deine Stärken – ein Fragebogen

a **Lies den Fragebogen und kläre unbekannte Wörter.**

b **Lies die Beispiele und beantworte den Fragebogen für dich im Heft.**

1. acht Jahre 2. b 3. drei Sprachen (Vietnamesisch, Englisch, Deutsch) …
24. Ich spiele gut Tennis und außerdem schwimme ich gern …
34. Ich habe schon im Supermarkt gearbeitet und Leuten im Haushalt geholfen.

c **Interviewe zwei Partner/innen.**

Kannst du …? | Hast du schon einmal …? | Bist du …? | Was ist für dich wichtig?

d **Berichte in der Klasse. Mach eine Berufsberatung.**

Sie kann gut mit Menschen umgehen. …
Olga hat schon im Krankenhaus gearbeitet.
Ich denke, dass sie eine gute Ärztin sein kann.

3 Träume und Wünsche

1 Wünsche

a Ordne die Sätze den Personen im Bild zu.

1. Ich würde gern in Australien tauchen.
2. Wir würden gern nach Indien fliegen.
3. Ich hätte gern ein schickes, neues Auto.
4. Hättest du auch gern einen schönen Mann und zwei liebe Kinder?
5. Tina hätte gern ein Pferd. Sie würde jeden Tag reiten.
6. Andrea wäre gern super intelligent. Sie würde die Probleme der Welt lösen.
7. Wir wären gern reich. Wir würden am liebsten nichts arbeiten. Aber das wäre auch langweilig.

Lernziele

- ★ Wünsche äußern
- ★ Bedingungen nennen
- ★ Über Zukunftspläne sprechen
- ★ Alternativen nennen

b Lies das „Denk nach".

Denk nach

Konjunktiv II

		werden	sein	haben
Ich würde gern in Australien tauchen.				
Ich hätte gern ein schickes Auto.	ich/er/es/sie/man	würde	wäre	hätte
(= Ich würde gern ein schickes Auto haben.)	du	würdest	wärst	hättest
Wir wären gern sehr intelligent.	wir/sie/Sie	würden	wären	hätten
(= Wir würden gern sehr intelligent sein.)	ihr	würdet	wärt	hättet

c Schreibt eure Wünsche auf ein Klassenposter.

Ich würde gern … Ich wäre gern … Ich hätte gern …

2 Ein Gespräch zwischen Vater und Tochter

CD 4

a Hör zu. Welche zwei Bilder passen zum Gespräch?

A

B

C

D

b Modalverben im Konjunktiv II – Notiere in 1–8 die Modalverben und ergänze das „Denk nach".

1. Jara will gleich nach der Schule arbeiten.
2. Jaras Vater hat gleich nach der Schule sein Studium angefangen.
3. Jaras Vater könnte eine Weltreise bezahlen, aber er macht es nicht.
4. Jaras Vater müsste alles bezahlen, aber das will er nicht.
5. Jara würde zuerst nach Afrika fahren.
6. Jaras Freund Michael dürfte wahrscheinlich nicht mitfahren, auch wenn er wollte.
7. Jaras Vater findet es besser, wenn man gleich nach der Schule arbeitet.
8. Jara soll ihrem Vater sagen, wie die Reise aussehen könnte.

Denk nach

Modalverben: Konjunktiv II

	müssen	können	dürfen	wollen
ich	müsste	könnte	dürfte	wollte
er/sie	m...sste	k...nnte	d...rfte	w...llte
	...	...	...	...

c Die Verbendungen im Konjunktiv II sind wie im Präteritum. Mach eine Tabelle.

d Hör noch einmal. Sind die Aussagen in 2b richtig oder falsch?

3 Wenn ich reisen könnte, dann ...

a Lies die Sätze 1–3. Schreib die *aber*-Sätze zu Ende.

1. Wenn ich Geld hätte, dann würde ich reisen. Aber leider ...
2. Wenn ich eine Weltreise machen dürfte, dann würde ich zuerst nach Afrika fahren. Aber ich muss ...
3. Wenn ich gute Noten hätte, dann könnte ich Medizin oder Jura studieren. Aber ich habe ...

b Schau die Bilder an und schreib *wenn*-Sätze wie in 3a.

A

B

C

D

Wenn ich viel Geld hätte, würde ich mir ein Flugzeug kaufen.
Wenn ich Pilotin wäre, dann könnte ich immer reisen.

4 Zukunftspläne

a Lies die Texte. Finde Informationen zu: Universität, Beruf, Geld, Familie.

Bialystok, Polen

Barbara Rudzinskis Blog

Ich denke oft an meine Zukunft. Die Karriere ist für mich das Wichtigste. Im Moment besuche ich das Lyzeum. Im nächsten Jahr muss ich mich auf das Abitur vorbereiten. Ich weiß, dass ich viel lernen muss, wenn ich in der Zukunft eine gute Arbeit haben will. Nach dem Lyzeum möchte ich Psychologie studieren. Meiner Meinung nach sind Psychologen sehr wichtig. Heute haben viele Leute Probleme. Deshalb würde ich Ihnen gern helfen. Außerdem spreche ich gern mit Menschen über ihre Probleme. Ich spreche oft mit meiner Freundin über ihre und meine Probleme und manchmal kann ich ihr helfen. Nach dem Studium suche ich nach einer Arbeit. Am liebsten hätte ich eine private Praxis. Es ist mir nicht so wichtig, wie viel ich verdiene, aber die Arbeit muss mir Spaß machen. In ein paar Jahren möchte ich heiraten und Kinder haben: eine Tochter und einen Sohn. Wo ich wohnen will, weiß ich noch nicht. Aber ich hätte gern ein schönes Haus mit Garten. Ich möchte auch ein schönes Auto, deswegen brauche ich eine Arbeit, die auch gut bezahlt ist. Ich will sowohl Karriere machen als auch eine Familie haben und sehr glücklich leben.
…

Aban Bungeis Blog

Nairobi • Kenia

Ich weiß nicht genau, was ich in der Zukunft machen will, darum denke ich oft an meine Zukunft. Jetzt muss ich sehr viel lernen, denn ich will gute Noten haben. Ich bin mir sicher, dass ich studieren möchte, darum brauche ich einen guten Schulabschluss. Wenn ich Studentin bin, will ich mich ganz auf mein Studium konzentrieren. Danach möchte ich eine gute Arbeit finden und selbständig arbeiten. Ich hoffe, dass ich eine bessere Arbeit bekomme, wenn ich mehrere Fremdsprachen kann. Deshalb lerne ich sowohl Deutsch als auch Französisch. Mein Beruf muss interessant sein. Es wäre natürlich gut, wenn ich dabei auch gut verdienen würde. Ich würde gern ein aktives Leben führen und viel reisen. Irgendwann möchte ich heiraten. Ich hoffe, dass meine Träume und Pläne für die Zukunft irgendwann Wirklichkeit werden.
…

b Lies noch einmal und schreib die Sätze zu Ende.

1. Barbara macht Abitur, darum …
2. Sie will Menschen helfen, deshalb …
3. Barbara will sowohl Karriere machen …
4. Aban will gute Noten haben …
5. Aban will eine gute Arbeit, deshalb …
6. Sie lernt sowohl Deutsch …

c Schreib Sätze über deine Zukunftspläne.

Ich möchte nicht viel arbeiten, deswegen bin ich sehr sparsam.
Ich möchte sowohl reich sein als auch gesund.

d Wie sehen deine Zukunftspläne aus?
Schreib über dich nach den Modellen in 4a.
Besprecht zuerst gemeinsam, wie ihr eure Texte plant.

Zuerst müssen wir Stichworte sammeln. Z.B.: nach der Schule: Uni

5 Alternativen

a Eine Zukunftsreise – Lies zuerst das „Denk nach“.

Denk nach

Das eine oder das andere:	Heute Nachmittag gehe ich **entweder** ins Schwimmbad **oder** ins Kino. **Entweder** sehe ich fern **oder** ich lese.
Keines von beiden:	Ich gehe **weder** ins Schwimmbad **noch** ins Kino. Ich muss lernen. Ich sehe **weder** fern **noch** lese ich. Mein Hobby ist Reiten.

CD 5 b Hör nun zu und notiere die Alternativen. Wer bekommt die meisten zusammen?

- In einem Monat ...
- In einem Jahr ...
- In zwei Jahren ...
- In drei Jahren ...
- In fünf Jahren ...
- In zehn Jahren ...
- In 20 Jahren ...
- In 30 Jahren ...
- In 50 Jahren ...
- In 100 Jahren ...

c Spielt das Spiel in der Klasse:
A nennt Alternativen, B widerspricht.

> In hundert Jahren haben mich entweder alle vergessen oder ich bin in allen Geschichtsbüchern.

Projekt

Macht Plakate oder Präsentationen zu euren Träumen für die Zukunft.
Hängt die Plakate im Klassenraum auf und sprecht darüber.

Meine Träume

Uli Rohrbach
Colegio Goethe
Buenos Aires

Nach dem Abitur will ich Medizin studieren. Am Ende mache ich meinen Doktor.

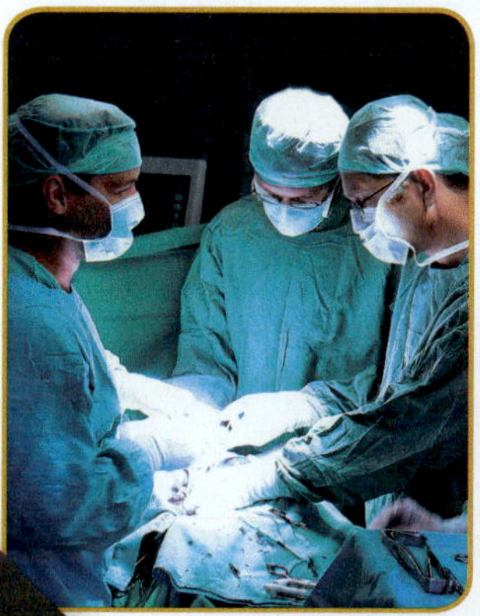

Danach arbeite ich im Krankenhaus.

Wenn ich 30 bin, heirate ich. Ich möchte auch Kinder haben. Am liebsten eine Tochter und einen Sohn.

Training 1

1 Sprechen üben: Wortakzent und Vokallänge

CD 6

a Schreib die Wörter ins Heft. Hör zu und markiere den Wortakzent und die Vokallänge: lang _ oder kurz • .

sich vorstellen
der Beruf
das Hobby
studieren
das Fach
das Lieblingsfach

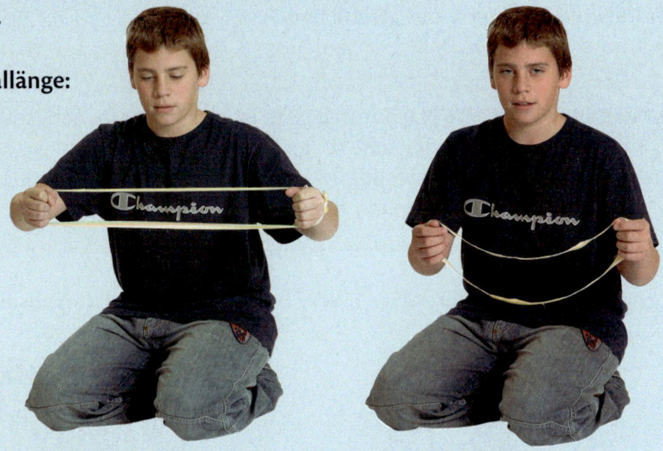

CD 7

b Suche die Wörter im Wörterbuch. Wie spricht man sie aus? Kontrolliere mit der CD.

Akrobatik • Badminton • Kanufahren • Astronomie • Aquaristik • Tiefbauingenieur • Mechatroniker • Stylistin • Regisseurin • Model

c Wörter für die Selbstvorstellung – Sucht die Wörter mit der Aussprache: Berufe der Eltern, Lieblingsfächer, Hobbys, eigener Berufswunsch. Sprecht die Wörter mehrmals: flüstern, normal, sehr laut.

2 SCHWERPUNKT: Sprechen – sich selbst vorstellen

CD 8–9

a Lies und hör die Beispiele. Welches ist besser? Warum?

b Was kann man an den Texten verbessern?

A

Mein Name ist Oliver Strelzig. Ich bin 17 Jahre und gehe auf das Bunsen-Gymnasium in Heidelberg. Mein Vater ist Lehrer und meine Mutter arbeitet als technische Assistentin bei der Firma SAP. Meine Lieblingsfächer in der Schule sind die Sprachen. Ich lerne Englisch, Französisch und Spanisch. Außerdem mache ich gern Sport. Ich spiele Tischtennis und trainiere dreimal die Woche. Nach der Schule möchte ich studieren, aber ich weiß noch nicht sicher, was. Wahrscheinlich studiere ich Russisch oder Spanisch oder Jura.

B

Mein Vater ist an der Universität und meine Mutter arbeitet auch. Ich mache gern Sport. Meine Lieblingsfächer sind Sport und Mathematik. Ich bin in einem Schwimmverein und habe schon viele Wettbewerbe gewonnen. Ja, also der Oskar … ist 14. Ich bin 16 Jahre alt. Das ist mein Bruder. Ich will bei einer Bank arbeiten. Nach der Schule will ich nicht studieren. Ich mache eine Ausbildung. Ach so, ja, das habe ich fast vergessen: Ich bin die Katharina, aber alle sagen Kathy.

c **Stell dich selbst oder eine andere Person vor.**

1. Stichworte sammeln.
2. Stichworte ordnen.
3. Den Text schreiben.
4. Wichtige Wörter aussprechen üben.
5. Den Text mehrmals laut lesen.
6. Den Text nur mit Hilfe der Stichworte üben.
7. Den Text frei mündlich üben:
   a) Mit einem Partner / einer Partnerin üben.
   b) Den Text mit dem Handy aufnehmen
   und die Aufnahme ansehen:
   Wie ist deine Mimik/Gestik?
   Sprichst du laut genug?
   Sprichst du deutlich genug?

3 Hören – Ansagen

CD 10

Ihr hört jetzt Ansagen am Telefon oder per Lautsprecher.
Zu jedem Text gibt es eine Aufgabe. Was ist richtig: a, b oder c?

1. Rolf will mit der Berufsberatung sprechen.
   Er wählt die …
   - a 0.
   - b 1.
   - c 2.

2. Was soll Frau Arbogast tun?
   - a Einen neuen Termin ausmachen.
   - b Herrn Benn besuchen.
   - c Zur Berufsberatung gehen.

3. Die „Traumwelt" ist …
   - a eine neue Abteilung in einem Kaufhaus.
   - b ein neuer Film im Kino.
   - c ein Freizeitpark.

4. Tessa möchte …
   - a am 11. Dezember ins Kino.
   - b am 13. Dezember ins Kino.
   - c am 13. Dezember schwimmen gehen.

4 Schreiben

Wähle eine Aufgabe aus: Aufgabe A oder Aufgabe B. Zeig, was du kannst: Schreib möglichst viel.

A

Deine Freundin Yvonne hat dich nach deinen Plänen für die nähere Zukunft gefragt.
Beantworte die E-Mail. Schreib etwas über die folgenden Punkte:
- Grund für dein Schreiben.
- Wie es dir geht.
- Deine Pläne für das nächste Jahr.
- Gute Wünsche für deine Freundin.

B

Javier hat dir geschrieben und dir über Menschen erzählt, die er toll findet.
Beantworte die E-Mail. Schreib etwas über die folgenden Punkte:
- Grund für dein Schreiben.
- Was du gerade machst.
- Leute, die du gut findest.
- Leute, die du nicht gut findest.

Training 1

5 Lesen – Sprachbausteine

TIPP

Hier sollst du entscheiden, welches Wort (a, b, c) jeweils genau in den Satz passt.
1. Lies zuerst den Brief ganz.
2. Lies nun den Text Satz für Satz und überlege, welches Wort in die Lücke passt. Achte vor allem auch auf die Endungen, die Satzstellung und die Zeiten.

Lies bitte den folgenden Text und entscheide, welches Wort unten (a, b oder c) jeweils in die Lücke passt.

Von: marionbühler@tic.de
An: lisabildt@tigo.com
Datum:
Objekt: Ohne Auto?

Liebe Thea,
vielen Dank für deine E-Mail. Du schreibst, (1) dein Vater das Auto verkauft hat und ihr nun (2) mit dem Fahrrad oder mit dem öffentlichen Nahverkehr fahrt. Bei uns ist das ganz anders. (3) es keine Autos geben würde, dann (4) ich wirklich große Probleme. Wir wohnen ja auf dem Land. Meine Eltern arbeiten in der Stadt und ich gehe dort zur Schule. Jeden Morgen fahren wir mit dem Auto 30 Kilometer hin und am Abend wieder zurück. Es gibt zwar einen Bus, (5) alle 40 Minuten fährt, aber mit dem (6) ich dreimal so lange brauchen. Außerdem hätten wir Probleme mit dem Einkaufen. Der letzte kleine Laden, (7) wir noch haben, verkauft nur das Notwendigste für den Alltag. Das meiste kaufen wir im Supermarkt in der Stadt. Ich finde es toll, dass du ohne Auto leben kannst. Aber ich ärgere mich manchmal (8) Leute, (9) behaupten, dass das nur eine persönliche Entscheidung ist. Bei uns geht das leider nicht.
Ich muss mich (10) meinen kleinen Bruder kümmern, weil Mama zum Einkaufen gefahren ist.
Liebe Grüße
deine Lydia

	a	b	c
1.	dass	wann	weil
2.	sowohl	entweder	und
3.	Wann	Seit	Wenn
4.	hätte	wäre	würde
5.	die	der	das
6.	werde	würde	will
7.	den	der	die
8.	gegen	auf	über
9.	dem	die	der
10.	für	um	mit

6 Lesen – Zeitungsartikel

a Lies die Lerntipps auf Seite 21.

b Lies nun die Aufgaben 1–5 und dann den Text auf Seite 21. Was ist richtig? Was ist falsch?

1. Olga macht gerade eine Ausbildung. Sie will später im Kindergarten arbeiten.
2. Sie hat ihren Freund in der Schule kennengelernt.
3. Olga wollte schon lange Erzieherin werden.
4. Die Ausbildung findet nur in der Schule statt.
5. Zuerst muss man Praktika machen, danach kann man die Ausbildung machen.

Olga hat ihren Traumberuf gefunden

Olga Brodski ist im zweiten Jahr ihrer Ausbildung zur Erzieherin. Ihre Schule hat hohe Erwartungen, sagt sie, aber sie ist auch sehr gut und hat einen guten Ruf. Die Ausbildung besteht aus einem schulischen Teil und einer ganzen Reihe von Praktika.

Um die Praktikumsplätze, die die Auszubildenden in ihrer Ausbildung brauchen, müssen sie sich selbst kümmern. Sie bekommen aber viel Unterstützung von der Schule, so dass es nicht allzu schwer ist, einen Praktikumsplatz zu finden. Olga hat schon vor ihrer Ausbildung ein Praktikum absolviert, das ihr viel Spaß gemacht hat. Dort hat sie ihre Freude an der Arbeit mit den Kindern gefunden und auch ihren Freund Oskar, der auch Erzieher ist, kennengelernt.

„Kinder sehen die Welt mit ganz anderen Augen als Erwachsene“, sagt Olga und: „Manchmal habe ich das Gefühl, dass ich jeden Tag genauso viel von ihnen lernen kann wie sie von mir.“

Olga hat schon seit ihrem 12. Lebensjahr den Berufswunsch „Erzieherin“. Durch die Praktika ist sie nun ganz sicher, dass sie Erzieherin werden will.

Die Ausbildung ist interessant, aber auch anspruchsvoll. Zurzeit hat sie Teilzeit-Unterricht. Das bedeutet, dass sie zwei Tage zur Schule geht, montags und dienstags, und den Rest der Woche im Kindergarten arbeitet. Dazu kommen noch Hausarbeiten und Referate.

„Ich liebe die Arbeit mit Kindern“, schwärmt Olga, „es wird nie langweilig und sie bereiten mir viel Freude. Die ganze Arbeit im Kindergarten, also auch das Team, muss einfach stimmen und bei mir im Kindergarten ist das auch so.“

Flexibilität ist eine der wichtigsten Fähigkeiten einer Erzieherin. Weiterhin ist die Liebe zu den Kindern Voraussetzung für diesen Beruf. Man muss die Kinder so akzeptieren können, wie sie sind. Eine Erzieherin muss sehr belastbar und auch sehr geduldig sein.

Olga strahlt Ruhe und Sicherheit aus. Man glaubt ihr, dass sie den richtigen Platz im Berufsleben gefunden hat.

TIPP

Tipps zum Lesen

1. Lies immer zuerst die Aufgaben. So weißt du gleich, worauf du achten musst.
2. Lies dann den Text relativ schnell. So bekommst du schnell einen Überblick.
3. Lies nun die Aufgaben noch einmal: langsam und sehr genau.
4. Lies nun den Text genau, suche die passenden Textstellen und entscheide für jede Aufgabe: richtig oder falsch.

! Achtung: Gibt es zu einer Aussage **keine Information** im Text, dann ist die Aussage falsch.

7 **Für mein Portfolio**

Was ich schon gelernt habe und was ich noch lernen will. Schreib einen Text über deine Erfolge und deine Pläne.

4 Familie

Lernziele

- ★ Familien beschreiben
- ★ Begriffe definieren
- ★ Über die Rollen in der Familie diskutieren
- ★ Eine Grafik verstehen/beschreiben

1 Familienleben

a Beschreib die Familien auf den Fotos. Wer, wann, was ...? Was ist für dich eine typische Familiensituation?

CD 11–12 **b Hör zu. Zu welchen Interviews passen die Fotos?**

c Hör die Interviews noch einmal und beantworte die Fragen.

1. Wie viele Personen kommen in den Interviews vor: 8, 12 oder 16?
2. Welche Bedeutung hat Familie für Jessica?
3. Mit wem wohnt Philipp normalerweise zusammen?

Kerstin ist meine Stiefmutter.

Meine Eltern sind getrennt.

d Wie findest du die beiden Familien? In welcher würdest du gerne leben?

2 Wohnformen und Familientypen

a Lies und ordne zu. Was passt zusammen?

1. Ein Single ist ein Mensch,
2. Eine Patchworkfamilie ist eine Familie,
3. Großfamilien sind Familien,
4. Ein Lebenspartner ist ein Mensch,
5. Eine alleinerziehende Mutter ist eine Frau,

a) die Kinder hat und nicht mit einem Partner zusammenlebt.
b) in denen es viele Kinder gibt.
c) in der Teile von verschiedenen Familien eine neue Familie bilden.
d) mit dem man zusammenlebt, mit dem man aber nicht verheiratet ist.
e) der alleine lebt.

b Lies die Sätze in 2a noch einmal und ergänze das „Denk nach".

Denk nach

Relativsätze mit Präpositionen

Ein Lebenspartner ist ein Mensch, **mit dem** man zusammenlebt, **mit ...** man aber nicht verheiratet ist.
Ein Familienauto ist ein Auto, **in ...** die ganze Familie Platz hat.
Eine Patchworkfamilie ist eine Familie, **in ...** Teile von verschiedenen Familien eine neue Familie bilden.
Großfamilien sind Familien, **in ...** es viele Kinder gibt.

! Das Relativpronomen im Dativ Plural ist d...

c Definiere die Begriffe mit einem Relativsatz.

alleinerziehender Vater • Einkindfamilie • klassische Familie • Kleinfamilie • Paar • Einzelkind

d Welcher Begriff aus 2c passt zu den Familien aus Aufgabe 1?

3 Rollen in der Familie

a Lies den Text und beantworte die Fragen 1–3.

1. Was ist die traditionelle Rollenverteilung?
2. Was ist Elternzeit?
3. Wer nimmt die Elternzeit: nur Männer, nur Frauen oder beide?

In den meisten Familien in Deutschland kümmern sich die Frauen um den Haushalt. Sie sind verantwortlich für Kinder und Küche, die Männer für das Auto und das Geldverdienen. Natürlich arbeiten viele Frauen auch und verdienen Geld und viele Männer helfen auch mal im Haushalt, doch die traditionelle Rollenverteilung ist weit verbreitet. Aber die Gesellschaft ändert sich. Die „Elternzeit" können Frauen und Männer nehmen und immer mehr Väter nehmen dieses Angebot an. Sie nehmen auch „Urlaub" von ihrer Arbeit, betreuen die Kinder und machen den Haushalt, während die Mütter arbeiten. Allerdings sind die Hausmänner noch in der Minderheit.

b Deine Meinung – Ergänze die Sätze und lies vor. Diskutiert in der Klasse.

Hausmann/Hausfrau sein, hat den Vorteil/Nachteil, dass man ...
Männer/Frauen können besser ...
Ich finde es wichtig, dass Männer/Frauen ...
Wenn Männer/Frauen ... würden, dann ...
Ich finde es gut / nicht gut, dass ..., weil ...

4 Was wäre, wenn …

Wähl eine Aufgabe aus und schreib einen Text.

1. Wenn du mit einer anderen Person aus deiner Familie tauschen könntest, mit wem würdest du tauschen? Was würdest du tun? Was wäre besser? Was wäre schlechter? Beschreib einen typischen Tag.

Ich würde am liebsten mit meiner Tante tauschen. Dann hätte ich …

Ich hätte am liebsten …

2. Wenn du die ideale Familie wählen könntest, wie würde die aussehen? Wer würde zu deiner Familie gehören? Wie würdest du leben? Beschreib einen typischen Tag.

5 Statistiken zu Familie

a Welche Überschrift passt?

Familie im Wandel – Haushalte immer kleiner

Familienleben in Deutschland

Haushalte in Europa

In je 100 privaten Haushalten in Deutschland lebten/leben so viele Personen:

vor 100 Jahren (1900)		heute (2004)
7	eine	37
15	zwei	34
17	drei	14
17	vier	11
44	fünf und mehr	4
4,5	durchschnittliche Zahl der Personen im Haushalt	2,1

Quelle: Wissenschaftszentrum Berlin, Datenreport, 2006

b Eine Grafik beschreiben – Mengenangaben: Was passt zusammen?

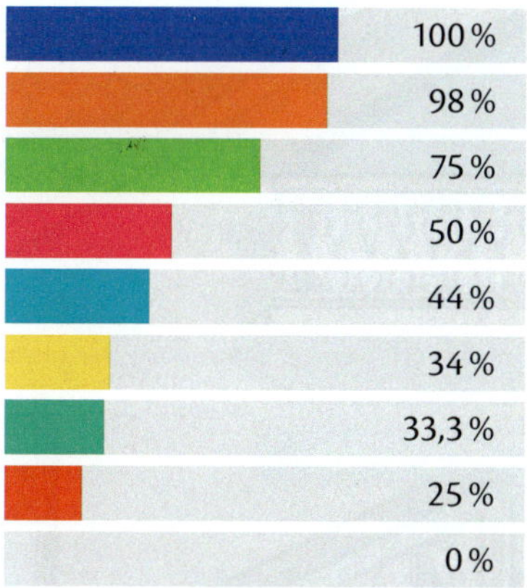

25 Prozent ist ein Viertel.

- alle
- keiner/niemand
- drei Viertel
- ein Drittel
- ein Viertel
- etwas mehr als ein Drittel
- fast alle
- fast die Hälfte
- die Hälfte

c Richtig oder falsch? Lies die Sätze 1–4 und vergleiche mit der Grafik.

1. Vor hundert Jahren haben in fast der Hälfte der Haushalte fünf und mehr Personen gelebt.
2. Heute leben in einem Viertel der Haushalte fünf und mehr Personen.
3. Vor hundert Jahren haben durchschnittlich 2,1 Personen in einem Haushalt gelebt.
4. Heute leben in zehn Prozent der Haushalte vier Personen.

d Schreib einen richtigen und einen falschen Satz über die Grafik. Lies die Sätze vor. Die anderen entscheiden: richtig oder falsch?

Vor hundert Jahren haben in 4 Prozent der Haushalte fünf und mehr Personen gelebt.

Falsch, vor 100 Jahren ...

Denk nach

Genitiv Plural
In zehn Prozent **der Haushalte** leben vier Personen.
(von den Haushalten)

6 Was sind die Gründe für diese Veränderung?

Lies und ordne A–G von sehr wichtig bis nicht wichtig.

A Man kann Familien planen.
B Die Frauen wollen arbeiten und Karriere machen.
C Kinder sind zu teuer.
D Früher haben die Kinder die Eltern im Alter unterstützt, heute bekommt man im Alter Rente.
E Viele Paare sind berufstätig und beide arbeiten und wohnen an verschiedenen Orten.
F Paare haben weniger Zeit für Kinder.
G Die Ausbildung dauert länger als früher. Die Frauen sind älter, wenn sie mit der Ausbildung fertig sind, und können dann manchmal keine Kinder mehr bekommen.

Projekt: Wie ist die Situation in deinem Land?

Sammle Informationen über Deutschland und dein Land.

Bei uns gibt es mehr/weniger Familien mit ... Kindern.

In Deutschland gibt es weniger ... als bei uns in ...

Die meisten Familien in ...

5 Wohnen

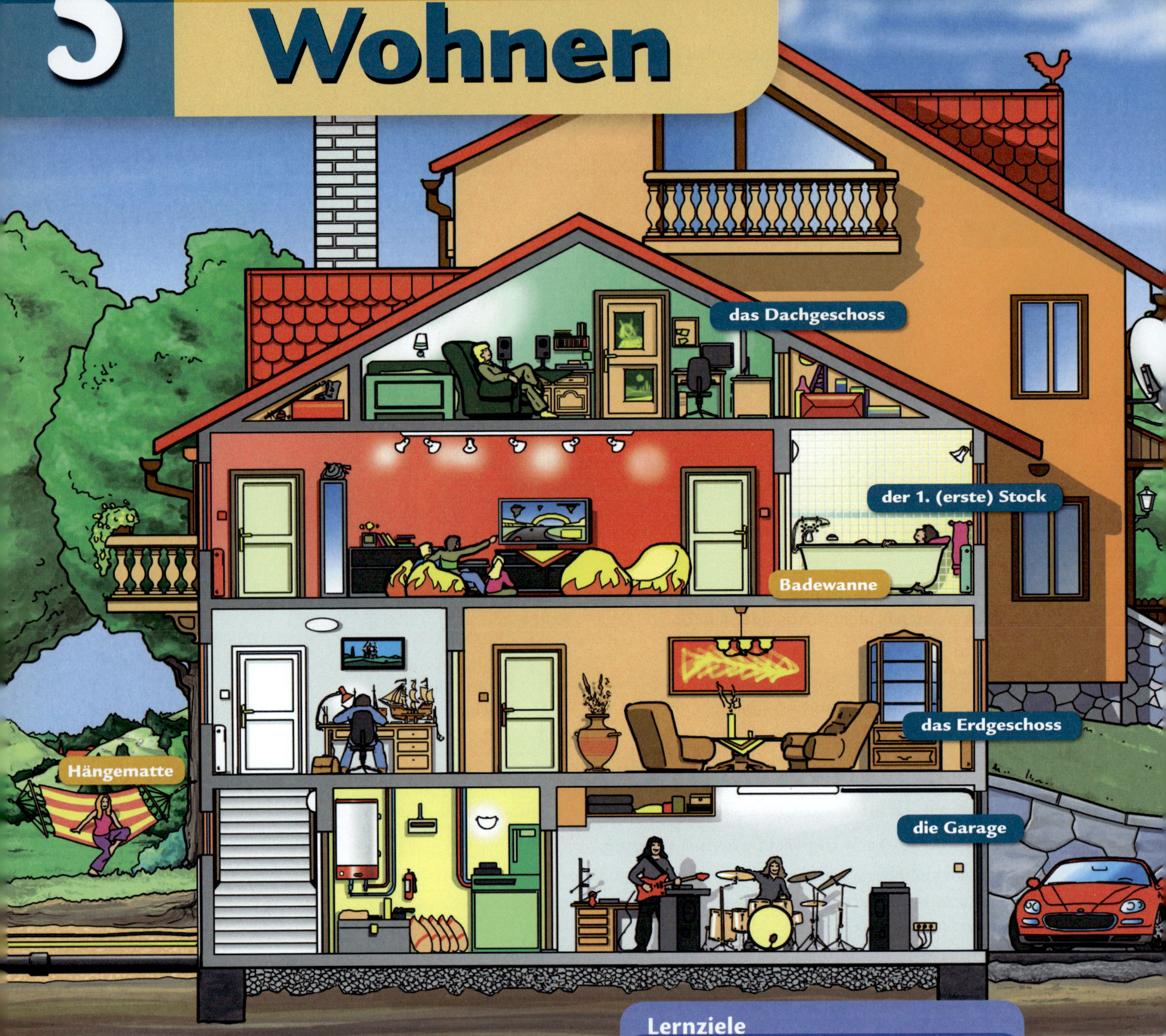

Lernziele

- Den eigenen Lieblingsort beschreiben
- Sprichwörter über Ordnung verstehen
- Einen Leserbrief zum Thema „Aufräumen" schreiben
- Wohnungsanzeigen verstehen

1 Lieblingsorte

CD 13 **a** Du „hörst" fünf Lieblingsorte. Wo ist was?

CD 14–17 **b** Hör die vier Aussagen und mach eine Tabelle.

Wer?	Wann?/Wie oft?	Was machen sie?	Wo?
Vera			
Max			
Elsa			
Mirko			

c Welcher Lieblingsort ist typisch für Jungen oder Mädchen? Welcher passt zu beiden?

2 Relativpronomen: *was, wo, wie*

a Lies den Text und ergänze das „Denk nach".

Ich bin Vera und mein Lieblingsort ist meine Hängematte. Die hängt im Baum in unsererm Garten. Das ist wunderbar. Immer wenn ich Zeit habe, lege ich mich in die Hängematte und träume. Das ist der Ort, wo ich allein sein kann. Keiner stört mich. Keiner darf mich stören. Die anderen können machen, was sie wollen, ich höre sie gar nicht. Ich mache, was ich will. Ich träume dann von der Zukunft, stelle mir vor, wie ich später einen tollen Mann habe und süße kleine Kinder, oder manchmal träume ich auch, dass ich eine tolle Erfindung mache und ganz berühmt bin. Die Journalisten kommen und wollen mich interviewen, aber ich habe keine Zeit für sie. Sie müssen warten, weil ich andere, wichtigere Termine habe. ... Ach, ich liebe diesen Platz, später will ich mal in einem Land wohnen, wo das Wetter immer gut ist.

Denk nach

Das ist der Ort,	**wo** ich allein sein kann.
Die anderen können machen,	**was** sie wollen.
Ich mache,	**...** ich will.
Ich stelle mir vor,	**...** ich später einen tollen Mann habe.
Ich will in einem Land wohnen,	**...** das Wetter immer gut ist.

b Was passt zusammen? Es gibt mehrere Möglichkeiten.

1. In meinem Zimmer kann ich alles machen,
2. Mein Zimmer möchte ich einrichten,
3. Mein Zimmer ist der Ort,
4. Ich habe keinen Platz,
5. Ich weiß nicht,

a) wo ich meine Freunde treffen kann.
b) wie ich will.
c) wo ich mich wohlfühle.
d) wo ich mich entspannen kann.
e) was ich will.

c Ergänze die Sätze für dich.

1. Mein Zimmer ist der Ort, ...
2. Ich möchte mal in einem Land wohnen, ...
3. Ich stelle mir vor, ...
4. In meinem Zimmer kann ich alles machen, ...
5. Ich habe keinen Platz, ...

d Beschreib deinen Lieblingsort. Sammelt die Blätter ein und mischt sie. Lest vor und ratet: Wer hat was geschrieben?

Am liebsten ...
... ist der Ort, wo ...
Wichtig ist für mich, dass ...
Ich mag gerne, wenn ...
An meinem Lieblingsort kann ich ... / muss ich nicht ...

3 Zimmer aufräumen

a Ordne 1–4 und a–d zu. Welcher Spruch gefällt dir am besten?

1. Ordnung ist
2. In einem aufgeräumten Zimmer
3. Ordnung ist das halbe Leben,
4. Nur kleine Geister halten Ordnung,

a) ich lebe in der anderen Hälfte.
b) Genies überblicken das Chaos.
c) ist auch die Seele aufgeräumt.
d) das halbe Leben.

b Lies die Leserbriefe von Jasmin und Finn. Ist Aufräumen für sie Pflicht oder Vergnügen?

Unsere Leser meinen …

Wenn ich schlecht gelaunt bin, dann räume ich am liebsten mein Zimmer auf. Ich mache meine Tür zu, weil mich keiner stören soll. Dann mache ich mir laute Musik an und fange an, aufzuräumen. Es tut mir richtig gut, alles wieder schön zu machen. Und meistens bin ich danach auch wieder gut gelaunt.
(Jasmin, 17 Jahre)

Ich habe meistens keine Lust, mein Zimmer aufzuräumen. Aber wenn ich aufgeräumt habe, dann fühle ich mich gut, dann habe ich ein gutes Gewissen und dann habe ich auch mehr Lust, in meinem Zimmer zu sein, zu lesen, Hausaufgaben zu machen und Freunde einzuladen.
(Finn, 17 Jahre)

c Lies noch einmal und ergänz das „Denk nach".

Denk nach

Ich habe (keine) Lust, mein Zimmer auf**zu**räumen.
Es tut mir gut, alles wieder schön …

d Leserbriefe – Arbeitet zu zweit. Lest A oder B und berichtet einander, was ihr gelesen habt. Könnt ihr danach wiedergeben, was ihr gehört habt?

Elsa hat keine Lust, ihr Zimmer …

A

Lust? Nein, wirklich nicht, ich hasse es, aufzuräumen, aber ich muss. Jede Woche muss ich mein Zimmer in Ordnung bringen, den Papierkorb ausleeren und sauber machen. Nein, es macht mir wirklich keinen Spaß, meine Zeit mit Aufräumen zu verbringen.
(Elsa, 15 Jahre)

B

Ordnung ist total wichtig für mich. Mir macht es Spaß, alles so zu ordnen, wie es mir gefällt. Ich mag es gar nicht, wenn mein kleiner Bruder etwas durcheinanderbringt. Ich nehme mir immer die Zeit, meine Sachen in Ordnung zu bringen, und passe auf, dass keiner meine Ordnung kaputt macht.
(Max, 16 Jahre)

e Schreib einen Leserbrief nach dem Modell in 3d.

4 Wohnungssuche in Hamburg

a Schau die Fotos an. Wo würdest du gerne wohnen?

b Ordne die Abkürzungen zu.

Zi	Wohnfläche	EG	Dachgeschoss
NK	Einbauküche	DG	Kaufpreis
m^2	Nebenkosten	HH	Erdgeschoss
Wohnfl.	Quadratmeter	km	(Hansestadt) Hamburg
EBK	Zimmer	KP	Kilometer

c Welche Fotos passen zu den Anzeigen?

1
Atemberaubende Penthousewohnung in Hamburgs exklusivster Lage mit Lift und Elbblick, 220 m^2, 2.400.000 EUR

2
■ **Energiesparer aufgepasst**: frei stehendes Einfamilienhaus (180 m^2 Wohnfl.) mit Fotovoltaikanlage in Pinneberg, 20 km von HH, sehr gute Verkehrsverbindung!

3
EXKLUSIVE TRAUMVILLA
in erstklassiger Lage, 6 Zi, 310 m^2 Wohnfläche, Schwimmbad, Sauna, überdachte Terrasse v. privat 780.000 Euro KP.

4
■ 46 m^2, 2-Zi-Wohnung im EG, Miete 410 EUR, NK 62 EUR, sonstige Kosten 100 EUR, Kaution 1230 EUR.

5
3-Zi-Wohnung, 62 m^2 im 2. Stock, keine Haustiere, 532 EUR Warmmiete, keine Provision

6
70 m^2, 3-Zi-Wohnung im DG, Nähe Universität mit tollem Südbalkon, EBK, Miete 475 EUR, 82 EUR NK, 1425 EUR Kaution

d Lies 1–4 und suche für die Leute eine Wohnung. Es gibt mehrere Möglichkeiten.

1. Zwei Studenten, Mischa und Tony, suchen zusammen eine billige Wohnung.
2. Familie Kutlu (Vater, Mutter, 2 Kinder) sucht ein Haus. Sie sind sehr umweltbewusst. Sie arbeiten beide in Hamburg.
3. Julie und Robert sind frisch verheiratet und haben von einem Onkel viel Geld bekommen. Sie suchen eine schöne Wohnung oder ein Haus im Stadtzentrum.
4. Frau Schmidt sucht mit ihren zwei Kindern eine günstige Wohnung. Sie haben zwei Katzen.

e Traumhaus oder Traumwohnung – Zeichne und beschreibe.

Ich hätte gerne ...

Das Haus / Die Wohnung müsste ... haben.

Ich würde gerne in ... leben.

6 Zukunft

1 **In den nächsten fünfzig Jahren wird kein Mensch fliegen.**
Wilbur Wright (Flugpionier)

2 **Es gibt nicht den geringsten Hinweis, dass Atomenergie jemals nutzbar sein wird.**
Albert Einstein

5 **Das Pferd wird bleiben. Das Auto ist nur ein neumodischer Schnickschnack.**
Ein Vorstand der Bank Michigan Savings zu einem Kunden, der in Henry Fords Unternehmen investieren wollte.

4 **Das Fernsehen wird nach den ersten sechs Monaten am Markt scheitern. Die Menschen werden es bald satt haben, jeden Abend in eine Sperrholzkiste zu starren.**
Darryl F. Zanuck (20th CenturyFox)

3 **Es gibt keinen Grund für eine Einzelperson, einen Computer zu Hause zu haben.**
Kenneth Olsen. (Digital Equipment Corp)

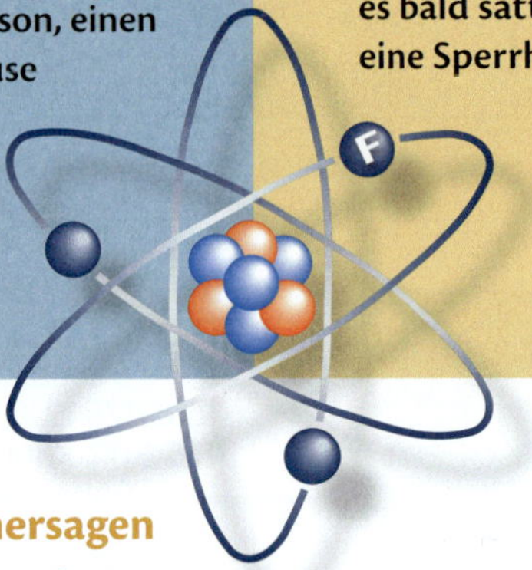

Lernziele
- ★ Vorhersagen verstehen/machen
- ★ Über zukünftige Entwicklungen sprechen
- ★ Ein Brainstorming machen

1 Vorhersagen von gestern

a Welches Bild passt zu welchem Zitat? Ordne zu.

b Lies die Voraussagen und ordne die Jahreszahlen zu.

1901
1905
in den 30er Jahren
1977
1946

Nr. 1 war bestimmt ...

Da hat es doch noch gar keinen Computer gegeben.

Nein, das glaube ich nicht. Den Computer hat man doch erst ... erfunden.

Da haben doch alle schon gewusst, dass das Fernsehen nützlich ist.

c Wie sieht es heute aus?

Darryl Zanuck hat gesagt, dass das Fernsehen am Markt scheitern wird. Aber heute hat fast jeder einen Fernseher.

2 Verb *werden* + Infinitiv

a Suche Beispiele in den Sätzen und ergänze das „Denk nach".

Voraussagen für die Zukunft: „werden" + Infinitiv.

	Position 2		Ende
Das Fernsehen	wird	am Markt	scheitern.
Atomenergie	...	niemals nutzbar	sein.

Denk nach

ich	werde
du	wirst
er/es/sie/man	...
wir/sie/Sie	werden
ihr	werdet

CD 18

b Voraussagen. Hör zu und sprich nach. Welche Wörter sind betont?

In 50 Jahren wirst du bestimmt weltberühmt sein.
In 10 Jahren wirst du in Hollywood sein.
Nächstes Jahr wirst du die Hauptrolle in der Theater-AG spielen.
Aber morgen wirst du so wie wir alle einen Test schreiben.

c Was wird in zehn, in fünf Jahren, nächstes Jahr, nächste Woche, morgen passieren?

In 50 Jahren		ich	nur noch im Internet lernen.
In 10 Jahren		du	zur Schule fliegen.
Nächstes Jahr		unser/e Lehrer/in	mit Robotern lernen.
Nächste Woche	werde	mein Bruder	viele Enkelkinder haben.
Morgen	wird	meine Schwester	einen tollen Mann / eine tolle Frau kennenlernen.
Heute Nachmittag	werden	wir	auf den Mond fliegen.
Nach der Schule		alle Leute	einen Test schreiben.
			eine gute Note bekommen.
			ein weltberühmter Erfinder sein.
			... vergessen.
			mit ... streiten.

3 Wahrsagen – ein Spiel

Spielt zu viert. Würfelt und macht eine Vorhersage für den Nachbarn / die Nachbarin rechts.

A

B

C

4 Das Leben in hundert Jahren

a Lies den Text. Ordne die Titel den Textabschnitten zu.

☐ Mobiles Einfamilienhaus ☐ Kommunikation in 3D ☐ Stadt auf dem Meer

Seit 2007 lebt die Hälfte der Weltbevölkerung in Städten.
Wie werden die Städte der Zukunft aussehen?

In 100 Jahren werden runde Einfamilienhäuser in unseren Städten stehen. Sie werden recyclebar sein und 95 Prozent ihres Energieverbrauchs selbst produzieren. Natürlich wird es die Häuser in vielen verschiedenen Größen geben. Die kleineren werden einen Durchmesser von fünf Metern haben. Man wird sie ohne Probleme selbst transportieren können. Die größeren Häuser wird man mit Spezialtransportern von einem Ort zum nächsten bringen.

Im nächsten Jahrhundert wird man nicht mehr nur auf der Erde leben, sondern auch auf dem Wasser. Es wird Städte geben, die im Meer schwimmen. Sie werden 4.000 Meter hoch sein, 700.000 Menschen werden dort leben können. Auch im Weltall wird Leben natürlich möglich sein. Es wird Städte auf dem Mond, dem Mars oder einem anderen Planeten geben. Fast die gesamte Freizeit wird in virtuellen Welten stattfinden. Das Bildtelefon und die Webkamera wird man nicht mehr brauchen. Stattdessen werden wir mit Holophonen kommunizieren, die den Gesprächspartner als 3-D-Bild zeigen. Man wird die Bilder vom Original kaum unterscheiden können.

b Steht das im Text? Lies und entscheide.

1. Es wird umweltfreundliche, runde Häuser geben.
2. Man wird nicht mehr auf der Erde leben.
3. Man wird nur noch virtuell kommunizieren.
4. Roboter und Menschen leben gemeinsam.
5. Alle Menschen werden glücklich sein.
6. Die Menschen leben auch an anderen Orten im Weltall.

c Was wird es geben, was wird es nicht geben?

Ich glaube nicht, dass es in 100 Jahren ... gibt.

5 Leben in der Stadt heute

CD 19

a Sieh die Fotos an und hör das Brainstorming zum Thema „Stadt".

b Notiere, was du behalten hast. Sammelt die Ideen in einem Assoziogramm.

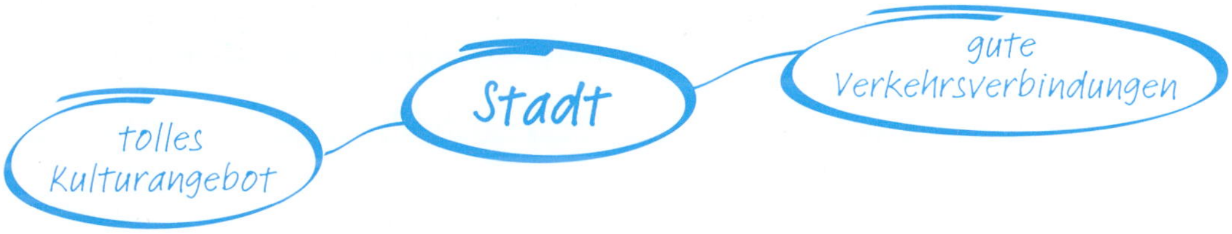

c Ergänzt das Assoziogramm mit euren Ideen.

d Lies die Regeln. Macht ein Brainstorming zum Thema „Stadt in 100 Jahren".

Regeln für ein Brainstorming:

1. Bildet Gruppen. Jede Gruppe sitzt im Kreis.
2. Jede/r darf immer nur ein Wort / einen Ausdruck sagen.
3. Die anderen dürfen die Wörter nicht kommentieren! („Das passt doch gar nicht...")
4. Ihr dürft nicht gleichzeitig sprechen.

Projekt: Eure Stadt / Euer Ort – im 22. Jahrhundert

Sucht Fotos oder zeichnet, schreibt kleine Texte. Macht ein Prospekt oder eine Präsentation für „Future-City".

Wie viele Einwohner wird eure Stadt haben?

Was wird es geben?

Wie werden die Häuser aussehen?

... wird ... Einwohner haben. Es wird ... geben.

... hohe Wolkenkratzer, Autos, die fliegen ...

Training 2

1 Sprechen üben: interessant sprechen

CD 20

a Hör zu und beschreib: Warum klingt das merkwürdig?

▶ Sollen wir vielleicht nur einmal am Tag essen?
▷ Ja, das ist eine gute Idee.

▶ Wir können immer Brot essen.
▷ Nein, das finde ich nicht so gut, ich würde lieber Pizza kaufen.

CD 21

b Interessant und lebendig sprechen. Hört zu und macht Minidialoge.

Einverstanden.

Ich finde, Jungen sollen auch kochen.

Ja, das ist eine gute Idee.

Nein, einmal pro Woche ist genug.

Nein, das finde ich nicht so gut, ich würde lieber Pizza kaufen.

Sollen wir jeden Tag aufräumen?

Wir können einfach immer Brot essen.

Sollen wir vielleicht nur einmal am Tag essen?

2 Sprechen: Den Haushalt im Ferienlager planen

Ihr seid in einem Ferienlager. Dort gibt es keinen Koch, keine Köchin und kein Putzpersonal. Ihr müsst den Haushalt selbst organisieren. Wie verteilt ihr die Arbeit? Wer macht was? Macht einen Plan für die nächste Woche.

- Wie viele Mahlzeiten soll es pro Tag geben?
- Was soll es zu essen geben?
- Wer kocht, kauft ein, wäscht ab und räumt auf?
- Welche anderen Arbeiten gibt es noch?
- Können Jungen und Mädchen die gleichen Arbeiten machen?

TIPP
Auf den Seiten 141–143 findet ihr nützliche Ausdrücke und Formulierungen.

3

SCHWERPUNKT: Hören – Interview

CD 22

a Du kannst einen Text verstehen, auch wenn du nicht alle Wörter verstehst. Hör zu und ergänze das fehlende Wort.

1. ....
2. ....
3. ....

Warum habt ihr das Wort „verstanden"? Diskutiert.

b Interview mit Tanja

TIPP

Tipps zum Hören

1. Wenn du ein Wort oder mehrere Wörter nicht verstehst, bleibe ruhig. Auch in der Muttersprache versteht man manchmal ein Wort nicht (z.B. weil es zu leise ist) und trotzdem kann man den Sinn verstehen.
2. Lies zuerst die Aufgaben 1–5 **ganz genau** und notiere die Schlüsselinformationen.
3. Markiere beim 1. Hören die Lösung. Wenn du nicht sicher bist, mach ein Fragezeichen.
4. Beim 2. Hören kontrollierst du deine Antworten. Konzentriere dich besonders auf die Aufgaben mit deinen Fragezeichen.

! Auch wenn du unsicher bist: Ordne **jeder** Aufgabe ein „richtig" oder „falsch" zu.

CD 23

Tanja Krüger ist 17 Jahre alt und geht in die 11. Klasse eines Gymnasiums. Du hörst ein Interview mit Tanja über ihre Freizeitaktivitäten.

Lies zuerst die Sätze 1–5. Du hast dafür eine Minute Zeit.

**Hör nun das Interview. Löse die Aufgaben beim Hören.
Entscheide bei jeder Aufgabe (1–5): richtig oder falsch.
Hör danach das Interview noch einmal.**

1. Tanja hat jeden Tag bis 17 Uhr Unterricht.
2. Tanja spielt Volleyball.
3. Tanja findet das Freizeitangebot in Friedberg ganz gut.
4. Tanja möchte gerne in einer Großstadt wohnen.
5. Tanja kann am Wochenende in den Bergen mountainbiken und Ski fahren.

Von: langenfeld@darmstadt.de
An: clara-bill@yahoo.com
Datum:
Objekt: Informationsmaterial für Auslandsaufenthalte

(1) Frau Langenfeld,
ich habe in einer Zeitung eine Anzeige von Ihrer Organisation gesehen und (2) mich für einen Aufenthalt im Ausland. Ich bin jetzt in der 10. Klasse und würde gerne in der 11. Klasse für 4-6 Monate in Asien leben und dort zur Schule gehen. (3) es möglich wäre, würde ich auch gerne in einer Familie leben, um das Leben in dem Land besser kennenzulernen. Ich kann mir aber auch gut vorstellen, in einem Internat zu wohnen. (4) Sie mir Informationsmaterial zuschicken? Am liebsten (5) ich nach Japan oder China gehen, aber auch andere asiatische Länder interessieren mich.

(6)
Clara Billinger

4 Lesen (Sprachbausteine)

Lies den Brief und ergänze die Lücken (0) bis (6).

1	Hallo	Hi	Sehr geehrte
2	weiß	interessiere	freue
3	Wenn	Weil	Obwohl
4	Sollten	Müssten	Könnten
5	werde	würde	wurde
6	Mit freundlichen Grüßen	Tschüs, bis bald	Auf Wiedersehen

5 Lesen: Anzeigen

Lies zuerst die Aufgaben 1–5 und such dann in den Anzeigen A–H auf der nächsten Seite: Welche Anzeige passt zu welcher Situation? Für eine Aufgabe gibt es keine Lösung. Notiere in diesem Fall X.

1. Sabrina möchte in den Sommerferien ihre Sprachkenntnisse verbessern und gleichzeitig Urlaub machen.
2. Karl surft gern im Internet. Er möchte neben der Schule etwas Geld damit verdienen.
3. Tarek interessiert sich sehr für Technik. Er probiert gerne Neues aus und beschäftigt sich in seiner Freizeit mit technischen Problemen.
4. Annalena möchte nach dem Abitur ein Jahr nach Japan gehen.
5. Christian möchte nach der 10. Klasse die Schule beenden und sucht einen Ausbildungsplatz. Er ist sehr kommunikativ, macht aber nicht so gerne Mathe.

A

SPRACHREISEN

Die perfekte Verbindung von Sprachenlernen und Urlaub. Praxisnah im Alltag lernen, im Team mit anderen Jugendlichen Spaß haben und viele neue Erfahrungen machen.
Alle Sprachurlaubsziele auf einen Blick im Katalog.
Bestellen unter

www.s-reisen.de

B

Spaß auf den Pisten

Skiparadies Höllenthal

Wir garantieren Schnee pur!
Ausgefallene Skitage werden erstattet.
Bis zu 15 % Frühbucherrabatt bis zum 31. 8. !

www.Spaß-auf-Pisten.de

C

Entdecke neue Welten

Unter diesem Motto startet die Aktion „Jugend forscht" in die neue Wettbewerbsrunde. Ab sofort können sich Jugendliche mit Interesse an Naturwissenschaften, Mathematik und Technik wieder für Deutschlands bekanntesten Nachwuchswettbewerb anmelden. Junge Menschen bis 21 Jahre können teilnehmen. Anmeldeschluss ist der 30. November.

www.jugend-forscht.de

D

■ **Aushilfe für den Sommer gesucht.** Tagescafé in Hofheim. Arbeitszeiten: vormittags und mittags. Gerne auch Schüler oder Studenten.
Tel. 0176 6389715

E

Am Samstag, den 10. Mai, findet im Foyer des Technologiezentrums am Europaplatz in Aachen die

away-Auslandsmesse für Jugendreisen

für Schüler, Abiturienten, Auszubildende und Studenten statt. Die away richtet sich an junge Menschen, die sich für einen Bildungsaufenthalt im Ausland interessieren. Der Eintritt ist frei. Geöffnet ist die Messe von 10 bis 16 Uhr.

F

Wir sind Deutschlands führender
REISEVERANSTALTER FÜR JUGENDREISEN
Wir suchen Auszubildende für den Bereich Kaufmann/-frau für Marketingkommunikation.
Sie sind offen, motiviert, serviceorientiert und haben Spaß an der Arbeit mit Jugendlichen?
Dann schicken Sie uns Ihre Bewerbung:
promarket@yahoo.com

G

■ **Die tech-Lösungen Gmbh** bietet einen Ausbildungsplatz als technische/r Zeichner/in. Sie haben Interesse an IT-Technologien, bringen Kommunikations- und Teamfähigkeit mit und können gut analytisch denken. Voraussetzung sind gute Mathematikkenntnisse. Bewerbungen nur im Internet: **www.tech-lösungen.com**

H

Probleme mit den Sprachen, mit Mathe oder Deutsch?

TRAININGSSCHULE

bietet das ganze Jahr über Unterricht in Kleingruppen. Systematische Wiederholung und Prüfungsvorbereitung mit engagierten Lehrern. Termine nach Vereinbarung.
Kontakt und Beratung:
0180-24578933*

*57 ct/Min. aus dem deutschen Festnetz

Für mein Portfolio

So wohne ich jetzt – so möchte ich später wohnen: mein Zimmer • meine Familie • meine Stadt.

7 Essen

Daniel Spoerri (*1930): Die Sevilla-Serie Nr. 27

Georg Flegel (1566–1638): Große Mahlzeitdarstellung

Lernziele

- ★ Bilder beschreiben
- ★ Essen bestellen
- ★ Sich beschweren
- ★ Über den Geschmack von Essen sprechen

1 Gutes Essen

a Seht euch die Bilder an. Sammelt Wörter zum Thema „Essen".

Mahlzeiten: das Frühstück, …
Besteck: die Gabel, …
Geschirr: der Teller, der Krug, …
Obst: der Apfel, …
Gemüse: die Zwiebel, …
Verben: essen, schmecken
Wie?: voll, gedeckt, in Scheiben geschnitten, geschält

CD 24 **b Hör zu. Über welches Bild spricht die Frau?**

c Woran denkst du bei den beiden Bildern? Welches Bild gefällt dir besser? Warum?

Es könnte …
Das Bild erinnert mich an …
Ich mag moderne Kunst lieber. Deswegen …
Vermutlich ist das …
Bei dem Bild oben /unten denke ich an …
Mir gefällt das obere/ untere Bild besser, weil …

2 Was isst du wann?

Sprecht zuerst in Gruppen und berichtet dann.

Frühstückst du jeden Morgen? • Was isst du gern zu Mittag? • Kochst du manchmal? • Wie viel trinkst du täglich? • Was ist dein Lieblingsgetränk? • Was ist dein Lieblingsessen? • Was kannst du kochen? • Wie oft in der Woche isst du Fast Food? • …

3 Sätze verbinden

a Lies die Sätze. Was bedeuten die blauen Wörter? Worauf beziehen sie sich?

In der Mitte liegt ein Brot und darauf ein Messer. Davor liegt ein geschälter Apfel. Rechts daneben steht ein Teller mit Zitronen in Scheiben. Links steht ein Teller mit Fisch und Zwiebeln. Dahinter stehen ein Glas mit Wein und ein Krug.

b Beschreib das Bild von Spoerri auf Seite 38.

davor • dabei • darauf • daneben • danach • dahinter • davor

Eine Familie hat gerade gegessen. 1. So sieht der Tisch … aus.
2. In der Mitte stehen Blumen. Daneben … 3. Davor … 4. Links …

Denk nach

Links steht ein Glas.
Davor (= vor dem Glas) liegt ein Messer.

c Komponiert ein Stillleben in der Klasse und beschreibt es.

In der Mitte steht … Rechts daneben …
Auf dem Tisch liegt/liegen …
Davor ist … Links steht …
Dahinter sehen wir … Außerdem sehe ich …

4 Essen im Superlativ

a Lies die Texte und die Aufgaben. Was ist richtig?

1. Der Konditor aus Ostwig hat …
a) das leckerste Gebäck der Welt.
b) den längsten Erdbeerkuchen der Welt hergestellt.

2. In China haben die Wissenschaftler …
a) die schönste Schüssel der Welt hergestellt.
b) die ältesten Nudeln der Welt gefunden.

Süßer Rekord in Deutschland (1)
Ein Konditor aus Ostwig hat den längsten Erdbeerkuchen der Welt gebacken. Das tolle Gebäck war 38,88 Meter lang und hatte nicht genug Platz in der Bäckerei. Den Kuchen hat man zu einem guten Zweck verkauft.

Steinzeitnudeln (2)
Wer hat die Nudel erfunden? Italien oder China? Der Streit ist geklärt. Im Nordwesten Chinas haben Wissenschaftler in einem Dorf am Ufer des Gelben Flusses Nudeln gefunden, die ca. 4000 Jahre alt sind.

b Notiere die Superlative in 4a und ergänze das „Denk nach".

Denk nach

lecker	das leckere Gebäck	⇨	das lecker**ste** Gebäck
schön	die schöne Schüssel	⇨	die **…** Schüssel
lang	der lange Kuchen	⇨	der **…** Kuchen
alt	die alten Nudeln	⇨	die **…** Nudeln

! Das Gebäck aus Ostwig schmeckt **am** lecker**sten**.
Erdbeerkuchen esse ich **am liebsten**.

c Superlative bei euch – Ergänze die Fragen und beantworte sie.

1. Wo habt ihr die … Pizza gegessen?
2. Wo kann man die … Lebensmittel kaufen?
3. Wo kann man das … Eis bei euch essen?
4. Was kostet der … Hamburger in eurem Wohnort?

5 Im Bistro

a Lies die Karte. Was kennst du? Was würdest du gern essen?

BAGUETTE

Jedes Baguette mit milden oder scharfen Soßen nach Wahl: Kräuter-, Knoblauch- oder Joghurtsoße

1 Baguette mit Schinken 5,60 €
Schinken, Tomaten, Gurken, Käse, Feldsalat

2 Baguette Spinat 6,10 €
Blattspinat, Champignons, Käse, Eisbergsalat

3 Baguette Thunfisch 5,80 €
Thunfisch, Zwiebeln, Peperoni, Fetakäse

SALAT

1 Gemischter Salat 4,90 €
Gemischte Blattsalate, Cherry-Tomaten, Gurken, Mais, Käse, Ei, Dressing, Baguette

2 Parma-Salat 6,50 €
Kopfsalat, Tomaten, Pinienkerne, Schafskäse, Parmaschinken, Vinaigrette, Baguette

KALTE GETRÄNKE

Mineralwasser (0,3 l) 1,40 €
Apfelschorle, Cola, Fanta (0,3l) 1,90 €

CD 25

b Timo und Susanne wollen etwas essen. Hör zu und beantworte 1–4.

Dialog 1: Was bestellen die Gäste?
Dialog 2: Wie schmeckt das Essen?
Dialog 3: Warum beschwert sich Timo?
Dialog 4: Wie viel bezahlen sie für das Essen?

c Schreib die Satzanfänge und Sätze in eine Tabelle und markiere dann K für Kellner und G für Gast.

bestellen	*über das Essen sprechen*	*sich beschweren / sich entschuldigen*	*bezahlen*
		Oh, das tut mir leid … (K)	

Ich habe … bestellt, aber das ist …
Das macht …€.
Wir möchten bitte bestellen.
Zusammen oder getrennt?
Und was möchten Sie trinken?
Oh, das tut mir leid. Ich bringe Ihnen sofort eine andere Soße.
Stimmt so.
Die Rechnung bitte.
Das schmeckt lecker.
Wir möchten bitte zahlen.
Ich nehme einen/eine/ein …
Entschuldigung! … ist nicht frisch.
Zahlen, bitte.
Verzeihung, ich bringe einen neuen.
Ich hätte gern einen/eine/ein…
… ist einfach lecker.
Das ist zu kalt/sauer/salzig/sauer/scharf.

6 Stress im Bistro

CD 26

a Hör die drei Dialoge. Mach Notizen: Was ist jeweils das Problem? Wie reagieren die Personen?

b Schreibt zu zweit ähnliche Dialoge und spielt sie vor.

Dünn und schön?

Wenn ich heute meine Fotos von damals sehe, denke ich: „Wahnsinn, wie dünn ich war." Das war vor zwei Jahren ... Ich bin magersüchtig geworden, als ich 14 war. Und es hat so einfach angefangen ... Zuerst wollte ich nur ein bisschen abnehmen, ein paar Kilo runter. Dann hatte ich ein Erfolgserlebnis. Ich hatte keinen Hunger mehr, also habe ich fast gar nichts gegessen. Ich habe kaum gemerkt, wie schnell ich Gewicht verloren habe. Ich habe unter 32 Kilo gewogen und oft ist mir beim Aufstehen schwindlig geworden. Die anderen haben immer gesagt: „Du kannst umkippen." Aber ich habe es nicht geglaubt. Natürlich war mir immer kalt, aber das habe ich nicht gemerkt, weil ich mich daran gewöhnt habe. Bis heute weiß ich eigentlich nicht, was der Grund für meine Krankheit war. Zuerst war für mich nur das Gewicht wichtig. Doch dann war auch das nicht mehr so wichtig ... Es war wie ein Zwang. Später, so denke ich heute, ist noch was dazugekommen: Ich wollte nicht erwachsen werden. Nur meine Schwester hat die Gefahr erkannt. Ich selbst habe lange nicht eingesehen, dass ich krank war. Am Ende bin ich mit meinen Eltern zu einem Psychologen gegangen und habe eine Therapie gemacht. Zwei Jahre bin ich hingegangen. Gott sei Dank ist es jetzt vorbei.

7 Dünn und schön?

a Julias Erinnerungen: Lies den Text schnell. Was ist das Thema?

- Fast Food
- Probleme mit dem Gewicht
- Gesundes Essen

b Wörterbucharbeit – „Magersucht" und „Zwang" – Ordne die Definitionen den Begriffen zu.

BEGRIFF 1 **1** Verpflichtung/Druck von außen. Man muss etwas tun, das man nicht tun will. **2** sehr starker Drang/Druck in einer Person. Man tut etwas, das man nicht kontrollieren kann: *unter einem inneren ... leiden*

BEGRIFF 2 Krankheit. Die Patienten essen (aus psychischen Gründen) zu wenig und nehmen sehr ab.

c Wortschatz erweitern: Sucht je zwei Wörter aus dem Text und schlagt sie im Wörterbuch nach. Sammelt an der Tafel.

d Lies 1–5 und dann den Text genau. Was ist richtig, was ist falsch?

1. Julia ist heute 14 Jahre alt.
2. Sie war magersüchtig.
3. Julia war krank, weil sie Probleme in der Schule hatte.
4. Sie hatte vor zwei Jahren selten Hunger.
5. Sie hat lange nicht geglaubt, dass sie krank ist.

e Was waren die Symptome von Julias Krankheit? Suche im Text.

Symptome der Magersucht:
– keinen Hunger haben
– ...

8 Gute Besserung!

Lernziele

- ★ Einen Termin vereinbaren
- ★ Gesundheitsprobleme beschreiben
- ★ Ratschläge formulieren
- ★ Eine Gebrauchsanweisung verstehen
- ★ Den Zweck / das Ziel nennen

1 Im Wartezimmer

CD 27

a Schau das Bild an und hör zu.
Zu welchen Personen (A–H) passen die Dialoge?

b Lies die Sätze 1–13 und hör noch einmal. Ordne die Sätze den Personen A–H zu.

1. Er hat sich den Fuß verletzt.
2. Sein Finger blutet.
3. Sie hat sich erkältet. Sie hat einen starken Schnupfen.
4. Sie hat Kopfschmerzen.
5. Das Mädchen friert.
6. Er hat sich den Arm gebrochen.
7. Sie hat keinen Appetit.
8. Ihr ist kalt.
9. Er hat Halsschmerzen.
10. Er hat furchtbare Schmerzen. Der Bauch tut ihm weh.
11. Das Kind hat Fieber.
12. Die alte Frau leidet an hohem Blutdruck.
13. Er sieht blass aus.

Szene C + Dialog 1 + Satz 3

NOTRUF

Feuerwehr	**112**
Rettungsdienst	**112**
Polizei	**110**

2 Reflexivpronomen im Dativ

a Lies und ergänze das „Denk nach".

b Beantworte die Fragen.

1. Hast du dir das Bild auf Seite 42 angesehen?
2. Wer hat sich den Fuß verletzt?
3. Wie hat sich der Junge den Arm gebrochen?
4. Wer hat sich den Finger verletzt?

Denk nach

Reflexivpronomen im Dativ
Ich habe **mir** den Arm gebrochen.
Hast du **...** den Fuß verletzt?
Er hat **...** den Fuß verletzt.
Wir haben **uns** ein Bild gekauft.
Habt ihr **euch** das Bild angesehen?
Sie haben **sich** ein Bild gekauft.

3 Marco ist krank

CD 28

a Hör das Telefongespräch und ordne 1–8 und a–h zu.

1. Guten Tag, hier Praxis Dr. Meyer. Mein Name ist Christa Wedekind. ...
2. Guten Tag, Marco Petric am Apparat. Ich möchte ...
3. Moment mal, ich schaue, ...
4. Morgen um halb elf ...
5. Ich muss unbedingt ...
6. Tut mir leid. Heute finde ich ...
7. Wenn es aber dringend ist, können Sie selbstverständlich sofort kommen. Dann ...
8. Gut, dann ...

a) noch heute zum Arzt. Ich bin krank.
b) leider gar nichts.
c) gerne einen Termin.
d) komme ich gleich. Auf Wiedersehen.
e) wann wir einen freien Termin haben.
f) müssen Sie aber lange warten.
g) Was kann ich für Sie tun?
h) ist noch was frei.

b Variiert und spielt den Dialog.

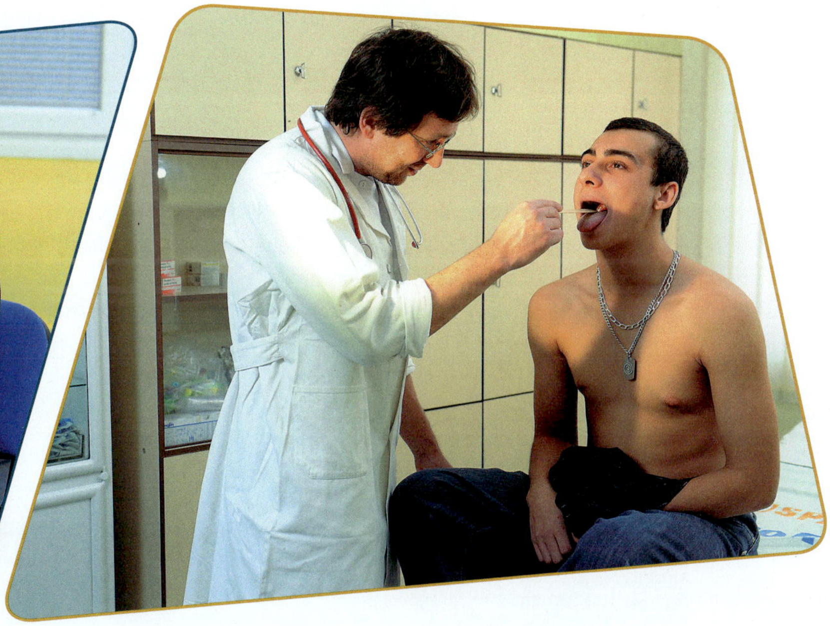

4 Im Sprechzimmer

CD 29

a Hör das Gespräch. Welche Probleme hat Marco? Was sagt der Arzt?

b Hör noch einmal und ergänze Marcos Antworten (1–7) im Dialog.

▶ Guten Tag, Herr Petric, was fehlt Ihnen denn?
▶ a) ......
▶ Ach ja, Sie haben also Schnupfen. Haben Sie Kopfschmerzen?
▶ b) ......
▶ Seit wann haben Sie Schmerzen?
▶ c) ......
▶ Aha, und Sie haben auch Fieber?
▶ d) ......
▶ Sie haben Grippe. Ich schreibe Ihnen ein Rezept.
▶ e) ......
▶ Dreimal täglich. Nehmen Sie die Tabletten nach dem Essen, damit Sie keine Magenschmerzen bekommen. Sie sollen auch viel trinken.
▶ f) ......
▶ In der Apotheke können Sie sich diese Tropfen kaufen. Und legen Sie sich bitte ins Bett, damit Sie bald wieder gesund werden. Gute Besserung!
▶ g) ......

1. Wie oft muss ich die Medizin nehmen?
2. Heute Morgen war es schon schlimm. Ich habe auch keinen Appetit.
3. Ich brauche auch etwas gegen Schnupfen.
4. Ich fühle mich so schwach. Und ich habe Husten und meine Nase, wie heißt das auf Deutsch? Da kommt Wasser raus …
5. Ja, fast 39.
6. Danke!
7. Ja, und der Hals tut auch weh.

5 Den Zweck / das Ziel nennen: *damit*

a Suche im Dialog in 4b die Sätze mit *damit*. Ergänze das „Denk nach".

Denk nach

	WOZU?	
Nehmen Sie die Tabletten nach dem Essen,	**damit** Sie	keine Magenschmerzen bekommen.
Legen Sie sich bitte ins Bett,	**...** Sie	bald wieder gesund werden.

b Verbinde die Sätze mit *damit*.

1. Ruhen Sie sich aus. / Sie sind bald wieder gesund.
2. Carsten joggt jeden Tag. / Er bleibt fit.
3. Marco geht zum Arzt. / Er bekommt ein Rezept für Medikamente.
4. Ich esse viel Obst. / Ich bleibe gesund.
5. Ich verschreibe Ihnen Nasentropfen. / Sie können besser atmen.
6. Lern jeden Tag ein bisschen. / Du merkst dir die Wörter besser.
7. Hör deutsche Podcasts. / Du verstehst Deutsch besser.
8. Lest viele deutsche Texte. / Ihr lernt mehr Wörter.

c Schreibt Dialoge und übt zu zweit.

	Patient 1	Patient 2
Termin	nur am Nachmittag	heute: dringend
Probleme	Kopfschmerzen, kein Appetit, keine Kraft, müde	Fieber, starke Magenschmerzen
Krankheit	Stress	Magen-Darm-Grippe
Rezept	Vitamine	Tabletten, Kräutertee
Rat	Vitamine dreimal täglich, sich ausruhen, spazieren gehen, viel schlafen, nicht lernen, keinen Sport machen	Tabletten zweimal täglich nehmen, im Bett liegen, viel trinken

6 Medikamente

Lies den Text und beantworte die Fragen.

1. Wann und wie oft soll der Patient die Tabletten nehmen?
2. Wogegen sollte man das Medikament einnehmen?
3. Was darf man nicht tun, wenn man das Medikament einnimmt?

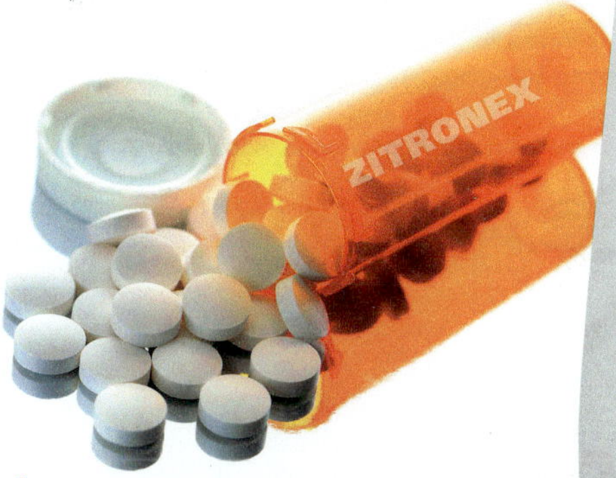

ZITRONEX

bei Erkältung und Grippe
gegen Kopfschmerzen, Schnupfen, Husten, Halsschmerzen

Wie verwenden Sie Zitronex?
Tabletten in einem Glas Wasser auflösen und möglichst heiß trinken. Am besten nach dem Essen. Nach 5 Stunden wiederholen. Nicht mehr als 4 Tabletten am Tag einnehmen.

Was muss man beachten?
Keinen Alkohol trinken, Autofahren vermeiden. Zitronex möglichst früh bei Beginn der Erkrankung einnehmen. Wenn Sie allergisch gegen die Bestandteile von Zitronex sind, dürfen Sie es nicht verwenden.
Informieren Sie bitte Ihren Arzt oder Apotheker, wenn Sie Nebenwirkungen bemerken, die hier nicht beschrieben sind.

7 Guter Rat ist teuer!

a Pantomime: Was für ein Problem hat der Patient?

Kopfschmerzen | Halsschmerzen | leichtes Fieber | Grippe | Bauchschmerzen | gebrochener Arm | Rückenschmerzen

b Was würdest du in der Situation raten?

Denk nach

ich/er/es/sie/man	sollte
du	solltest
wir/sie/Sie	sollten
ihr	solltet

D	A	CH
Krankenhaus	Spital	Spital
Sprechstunde	Ordination	Sprechstunde
Erkältung	Verkühlung	Verchältig

9 Engagement

A

C

D

B

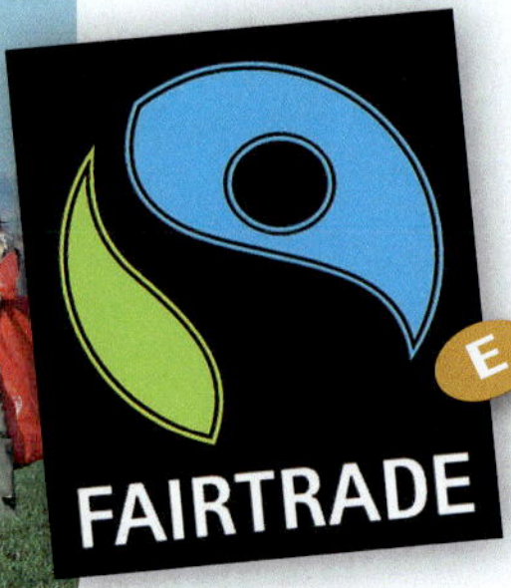

E

F

Lernziele
- ★ Meinungen äußern
- ★ Texte zum Thema „Engagement" verstehen
- ★ Eine E-Mail beantworten

1 Engagement macht stark

a Schau dir die Bilder an. Wofür engagieren sich die Leute? Was wollen sie?

b Lies die Texte. Zu welchen Bildern passen sie?

1
☐ Ich bin Schülerlotse. Wir kümmern uns um die Sicherheit von unseren Mitschülern. Jeden Morgen vor der Schule und am Nachmittag nach Schulende helfen wir ihnen über die Straße und passen auf, dass ihnen nichts passiert.

2
☐ Manche sagen, dass junge Leute keine Ahnung von Politik haben. Das stimmt aber nicht! Und ich will nicht nur Plakate kleben … Obwohl ich jung bin, will ich mitentscheiden. Ich will meine Meinung sagen. Es geht doch auch um meine Zukunft!

3
☐ Ich setze mich für Kinder ein, denen es vielleicht nicht so gut geht wie mir. Ich helfe ihnen, obwohl ich selbst nicht viel Geld habe. Ich sammle Spenden für sie, damit sie regelmäßig etwas essen können, auch normal die Schule besuchen so wie ich und gesund bleiben. Wenige Leute wissen, dass schon 1 Euro helfen kann …

4
☐ Tiere waren schon immer sehr wichtig für mich. Sie sind doch unsere besten Freunde, so lieb … Ich kann es nicht ertragen, dass man Kosmetikartikel oder Medikamente an Tieren ausprobiert. Deswegen protestiere ich gegen Tierversuche. Es ist doch unmenschlich!

c Wofür würdest du dich engagieren? Was interessiert dich und was nicht? Diskutiert in der Klasse.

2 Obwohl

a Suche in 1b die Sätze mit *obwohl* und ergänze das „Denk nach".

Denk nach

Ich habe selbst nicht viel Geld. Trotzdem helfe ich ihnen.	Ich helfe ihnen, **obwohl** ich nicht viel Geld habe.
Ich bin jung. Trotzdem will ich mitentscheiden.	... ich jung bin, ...

b Verbinde die Sätze mit *obwohl*.

1. Ich möchte helfen. / Ich habe nicht viel Taschengeld.
2. Wir sollten uns schon jetzt für unsere Zukunft engagieren. / Wir sind jung.
3. Viele Menschen helfen nicht. / Sie sind sehr reich.
4. Unser Großvater engagiert sich als Arzt in Thailand. / Er ist nicht mehr berufstätig.
5. Ich helfe anderen Schülern bei den Hausaufgaben. / Ich habe deshalb weniger Zeit für mich.

3 Wörterbucharbeit

a Wähle zwei Begriffe und übersetze sie in deine Sprache. Vergleicht in der Klasse.

protestieren gegen/für + A • sich kümmern um + A • teilnehmen an + D • sich einsetzen für + A

b Wähle zwei Wörter aus 3a und schreib Sätze über dich.

Wir protestieren gegen Tierversuche.
Ich nehme auch an dem Projekt teil.

4 Kinderpatenschaft

a Lies die E-Mail und notiere.

Wer? • Für wen? • Wo? • Wann? • Wie oft? • Wozu?

Von: marionbühler@tic.com
An: lisabildt@tigo.com
Datum:
Objekt: Kinderpatenschaft – Machst du mit?

Hi, Lisa,
ich habe eine Frage an dich. Unser Pfarrer hilft Kindern in Tansania. Er macht jetzt ein Projekt und sucht Kinderpaten. Man zahlt dann regelmäßig 30 € im Monat und damit finanzieren wir das Essen, das Trinkwasser oder die Schule von einem Kind. Dann kannst du an dein Patenkind schreiben, vielleicht es auch irgendwann in Tansania besuchen. Die Idee finde ich toll und sehr wichtig. Ich würde mich gern dafür engagieren, aber alleine schaffe ich es nicht. Christian und Kira wollen mich dabei unterstützen. Ich will auch noch mit Robert darüber sprechen. Willst du auch mitmachen? Dann könnten wir uns den Beitrag zu fünft teilen: 6 € monatlich pro Kopf. Das ist doch nicht viel, oder? Was hältst du davon?

Lieben Gruß
Marion

b Kinderpatenschaften – Warum macht man das? Welche Probleme kann es geben?

5 Wofür? – Dafür!

a Lies das „Denk nach". Wann steht ein „r", wann nicht?

b Lies 1–5 und dann die E-Mail auf Seite 47 noch einmal. Wofür stehen die blauen Wörter in 1–5?

mit dem Geld • über das Projekt • von der Idee • bei dem Projekt • für die Idee

1. Ich würde mich gern **dafür** engagieren.
2. Christian und Kira wollen mich **dabei** unterstützen.
3. **Damit** finanzieren wir das Essen und das Trinkwasser.
4. Ich will auch noch mit Robert **darüber** sprechen.
5. Was hältst du **davon**?

Denk nach

bei Sachen:

Frage:	wofür? wovon? wobei? … worüber? woran? worauf? …
Antwort:	dafür, davon, dabei … darüber, daran, darauf …

Wenn die Präposition mit einem … beginnt, ergänzt man ein **r**.

c Übt zu zweit.

1. Ich engagiere mich für die Umwelt. Und du?
2. Ich spreche fast nie über die Politik. Und du?
3. Ich unterstütze Marion bei der Idee. Und du?
4. Ich nehme an dem Projekt teil. Und du?

Ich setze mich für die Kinderpatenschaft ein. Und du?

Ich setze mich auch dafür ein.

6 Eine E-Mail beantworten

Beantworte Marions E-Mail. Schreib über die folgenden Punkte. Überleg dir zuerst die Reihenfolge.

- Fordere Informationsmaterial über das Projekt an.
- Erkläre, warum du mitmachen willst.
- Mach Vorschläge, wer sich noch dafür einsetzen könnte.
- Schreib, was du von der Idee hältst.

7 Freiwilliges soziales Jahr

a Lies die Überschriften und dann die Texte. Ordne sie den Überschriften zu. Zwei Überschriften passen nicht.

B Jugendliche helfen Kindern in Not

A Freiwilliges soziales Jahr für alle?

C MEIN TAG IM KRANKENHAUS

D Immer mehr deutsche Jugendliche wollen studieren

E Mit BUND-Jugend für die Umwelt gekämpft

F FREIWILLIGENDIENST IN EINEM WAISENHAUS

G Karriere für Frauen

Wenn man noch nicht weiß, was man beruflich in der Zukunft machen möchte, kann das freiwillige soziale Jahr eine attraktive Alternative sein. Jugendliche und junge Erwachsene können es sowohl im Inland als auch im Ausland absolvieren. In einer sozialen Einrichtung (z.B. Krankenhaus, Alten- und Pflegeheim, Sportverein, Förderschule, Theater, Kirchengemeinde, Fernsehen) können sie sechs bis 18 Monate Erfahrungen für den eigenen weiteren Lebensweg sammeln. Das freiwillige soziale Jahr kann auch den Zivildienst vollständig ersetzen, dann muss es aber mindestens elf Monate dauern. Hier einige Erfahrungsberichte.

1 PETER

Ich arbeite in Korea in einem Waisenhaus. Waisen und auch Kinder aus „Problemfamilien" bleiben hier, bis sie ihren Abschluss machen. Meine Aufgabe ist, mich um die Kinder zu kümmern. Ich bringe ihnen Englisch bei. Das kann sehr anstrengend sein. Ich musste mich zuerst daran gewöhnen, so ca. zehn Kinder um mich herum zu haben. Oft wollen alle gleichzeitig etwas von dir: einer braucht Hilfe, eine andere will spielen, und ein dritter muss auf's Klo. Trotzdem mache ich weiter. Ich möchte ja Lehrer werden. Es ist eine gute Erfahrung. Man bekommt Einblicke in die Berufswelt und hat Kontakt zu Menschen.

2 ROBERT

Ich habe mich schon immer politisch engagiert, nicht nur im Umweltschutz. Deswegen habe ich meinen Zivildienst bei der BUND-Jugend gemacht. Ich wollte lieber zwölf Monate für den Umweltschutz arbeiten als zur Bundeswehr gehen. Zusammen mit jungen und engagierten Menschen Pressearbeit für den Umweltschutz zu machen, das war genau was ich wollte. Für mich hat sich das Jahr auf jeden Fall gelohnt.

3 YVONNE

Ich habe mich für das freiwillige soziale Jahr entschieden, weil ich selbständiger werden wollte. Ich wollte etwas Neues ausprobieren. Ich habe neun Monate in einem Krankenhaus in Frankfurt gearbeitet. Ich hatte oft Schichtdienst. Ich musste Betten machen, den Patienten bei der Körperpflege helfen, Blutdruck oder Temperatur messen. Der Tagesablauf war praktisch immer gleich, aber von Patient zu Patient unterschiedlich zeitintensiv. Das war zwar anstrengend, aber ich konnte viele gute Erfahrungen sammeln.

b Lies die Texte noch einmal und beantworte die Fragen.

1. Was ist ein freiwilliges soziales Jahr?
2. Wo kann man es machen?
3. Warum machen die Jugendlichen ein freiwilliges soziales Jahr?

c Freiwilliges soziales Jahr – Ist das was für dich? Warum (nicht)? Wo würdest du gern arbeiten?

Es könnte sein, dass ...

Ich glaube nicht, dass ...

Ich könnte mir vorstellen, dass ...

Meiner Meinung nach ...

Projekte

Wählt ein Projekt aus.

A Wo kann man sich an eurem Ort engagieren? Recherchiert, macht Plakate und sprecht darüber.

B Stellt diese deutschen Organisationen vor:
BUND • Deutsches Jugendrotkeuz • Pfadfinder • Technisches Hilfswerk (THW) • Naturfreundejugend

1 Sprechen üben: wichtige Informationen betonen

CD 30 **a Hör den Text und vergleiche die Betonungen.**

Marie, 16 Jahre:
Ich bin seit **drei** Jahren **Vegetarierin**. **Obwohl** ich den Geschmack von Fleisch **mag**, habe ich mich **entschieden**, **vegetarisch** zu leben. Das hat **zwei Gründe**. Erstens **mag** ich **Tiere** und kann **nicht** ertragen, dass man Tiere tötet, obwohl es nicht **nötig** ist. Denn wir Menschen **müssen** kein Fleisch essen, wir **können** auch von **Gemüse**, **Obst**, **Getreide**, **Eiern** und **Milchprodukten** leben. **Zweitens** braucht man für die Produktion von Fleisch **viel mehr** Energie als für die Produktion von **Getreide**. Wenn wir **zu viel Fleisch** essen, dann können sich **nicht alle** Menschen auf der Welt **satt** essen.

CD 31 **b Hör die Sätze und sprich mit Betonung nach.**

c Lies den Text mit deutlicher Betonung vor.

d Lies die Sätze. Welche Wörter möchtest du betonen? Es gibt nicht nur eine Lösung. Lies die Sätze mit Betonung laut vor.

Marie sagt, dass sie seit drei Jahren Vegetarierin ist.
Ihrer Meinung nach sollte man kein Fleisch essen.
Sie findet, dass man keine Tiere töten soll.
Sie ist der Meinung, dass man sich auch ohne Fleisch gut ernähren kann.

e Ergänze die Satzanfänge und lies die Sätze mit guter Betonung vor.

Ich finde es interessant, dass … Ich denke aber, dass … Meiner Meinung nach …

2 Sprechen – Über ein Bild sprechen

a Du hast dieses Foto gefunden. Berichte deiner Partnerin / deinem Partner kurz: Was siehst du auf dem Foto? Was für eine Situation zeigt das Bild?

b Erzähle: Welche Erfahrungen hast du mit dieser Situation?

3 Hören – Anrufbeantworter

CD 32–35 **Du hörst vier kurze Texte. Hör diese Texte nur einmal. Entscheide beim Hören, ob die Aussagen richtig oder falsch sind.**

1. Die Sprecherin will früher kommen, weil sie später noch etwas tun muss.
2. Juliane soll den Sprecher anrufen, wenn sie übermorgen keine Zeit hat.
3. Frau Brokamp soll in 14 Tagen zum Arzt kommen.
4. Der Sprecher findet die Aufgabe 13 in Mathe am schwierigsten.

4 Lesen

Lies zuerst die Aufgaben 1 bis 3 und suche dann die Informationen im Text. Entscheide: richtig oder falsch?

1. Man kann die Tropfen jede Stunde nehmen.
2. Die Tropfen kann jeder nehmen.
3. Erwachsene nehmen je 5–10 Tropfen.

GRIPPOSAN

Zur Anwendung bei Kleinkindern ab 9 Monaten, Kindern und Erwachsenen.

Lesen Sie bitte die gesamte Information genau durch.
Dieses Arzneimittel ist ohne Verschreibung erhältlich. Gripposan muss vorschriftsmäßig angewendet werden.
- Fragen Sie Ihren Apotheker, wenn Sie weitere Informationen oder einen Rat benötigen.
- Wenn sich Ihre Probleme verschlimmern oder nach drei Tagen keine Besserung eintritt, sollten Sie zum Arzt gehen.
- Wenn Sie Nebenwirkungen bemerken, die nicht hier angegeben sind, informieren Sie bitte Ihren Arzt oder Apotheker.

1. Was ist Gripposan und wofür wird es verwendet?
Gripposan ist ein Medikament, das bei Erkältungskrankheiten hilft: bei akuten Entzündungen des Hals-, Nasen- und Rachenraumes usw.

2. Was müssen Sie vor der Einnahme von Gripposan beachten?
Gripposan darf nicht eingenommen werden:
- wenn Sie überempfindlich (allergisch) gegen die Wirkstoffe Atrolatium D5 oder Martius vermelus D8 sind.
- wenn Sie alkoholkrank sind (Gripposan enthält 6 % Alkohol).

3. Besondere Vorsicht bei Anwendung von Gripposan
Zur Anwendung bei Babys unter 9 Monaten liegen keine Erfahrungen vor. Gripposan darf deshalb bei diesen Patienten nicht ohne Rücksprache mit einem Arzt angewendet werden.
Gripposan und andere Arzneimittel: Wechselwirkungen mit anderen Medikamenten sind nicht bekannt. Bitte informieren Sie trotzdem Ihren Arzt oder Apotheker, wenn Sie andere Arzneimittel einnehmen.

4. Wie viel Gripposan ist richtig?
Nehmen Sie Gripposan immer genau nach der Anweisung in dieser Tabelle ein. Bitte fragen Sie bei Ihrem Arzt oder Apotheker nach, wenn Sie sich nicht ganz sicher sind.

Dosierung: Alle halbe bis ganze Stunde bis zu höchstens 12-mal täglich.

Säuglinge ab dem 9. Monat	nach Rücksprache mit dem Arzt je 1-3 Tropfen
Kinder von 1–5 Jahren	je 2–5 Tropfen
Kinder von 6–12 Jahren	3–6 Tropfen
Jugendliche und Erwachsene	je 5–10 Tropfen

5. Wie nehmen Sie die Tropfen?
Geben Sie die Tropfen auf einen Löffel und nehmen Sie sie direkt ein.
Lassen die Tropfen eine halbe Minute im Mund.

5 SCHWERPUNKT: Schreiben – Vom Wort zum Text

a Wörter und Ideen sammeln – Was passt zu einer Geschichte über einen „Unfall"?

Thema „Unfall"

Auto kaputt
Arm gebrochen
Polizei
Krankenhaus
Arzt
mit der Bahn fahren

Entscheide dich für deine Geschichte. Wähle Ideen aus und sortiere sie. Die W-Fragen helfen dir.

Wer? – Wo? – Wann? – Wie? – Warum? – Was waren die Folgen?

b Ein Text entsteht aus einzelnen Sätzen.
Berichte, was passiert ist. Lies zuerst das Beispiel.
Schreib nur einfache Sätze auf.

Monika und ich waren in Wien. Wir wollten unseren Freund Lars in Quedlinburg besuchen. Wir sind mit unserem Nachbarn, Herrn Gaida, gefahren. Er hat einen alten Mercedes. Auf der Autobahn hatten wir einen Unfall. Herr Gaida hat seinen Arm gebrochen. Monika und mir ist nichts passiert. Das Auto war kaputt. Wir mussten zurück nach Wien. Wir kamen erst drei Tage später zu Lars. Wir sind mit dem Zug gefahren. Lars hat uns am Bahnhof abgeholt.

c Man kann manche Sätze mit Konjunktionen oder Adverbien verbinden.
Das macht den Text interessanter und eleganter. Hier einige Beispiele:

weil	und	deshalb	…, mit dem/der	zuerst
dass	aber	darum	…, der/das/die	dann
wenn	denn	deswegen	…	danach
damit	sondern	trotzdem		zum Schluss
obwohl	sowohl … als auch	…		plötzlich
bis				…
als				
…				

d **Lies das Beispiel und schreib den Text zu Ende.**

Monika und ich waren in Wien und wollten dann unseren Freund Lars in Quedlinburg besuchen. Wir sind mit unserem Nachbarn, Herr Gaida, gefahren, der einen alten Mercedes hat. Aber auf der Autobahn hatten wir einen Unfall, bei dem Herr Gaida seinen Arm gebrochen hat …

6 Schreib eine E-Mail.

Du reist durch Deutschland und willst deinen Freund Uwe in Karlsruhe besuchen.
Du bist mit einer Freundin gefahren, aber dann ist das Auto kaputtgegangen.
Schreib Uwe eine E-Mail. Formuliere zu jedem Punkten ein bis zwei Sätze.
Überlege, in welcher Reihenfolge du schreiben willst.

- Beschreib, wie und wo das Auto kaputtgegangen ist.
- Schreib, warum du später kommst und wann.
- Bitte Uwe, dass er dich vom Bahnhof abholt.
- Entschuldige dich für die Verspätung.

Überleg dir die passende Reihenfolge der Punkte, eine Einleitung und einen Schluss.
Vergiss das Datum und die Anrede nicht.

7 Fehlerkorrektur

Lies deinen Text mehrmals durch und überprüfe folgende Punkte:

Inhalt
- Hast du alles geschrieben, was du schreiben wolltest ?
- Stehen die Informationen in der richtigen Reihenfolge?

Form
- Haben die Verben die richtigen Endungen?
- Stimmt die Zeitform (Präsens, Perfekt Präteritum …)?
- Stehen die Wörter in der richtigen Reihenfolge?
  (Verb an Position 2 oder am Ende vom Nebensatz …)
- Sind alle Nomen großgeschrieben?
  Stehen die Artikel und Adjektive
  in der richtigen Form?

Für mein Portfolio

Mein Engagement
Dafür engagiere ich mich (nicht). – Dafür würde ich mich (nicht) gerne engagieren.

10 Geld verdienen und ausgeben

Lernziele

- Über Ideen zum Geldverdienen sprechen
- Über Vor- und Nachteile von Nebenjobs sprechen
- Etwas reklamieren/umtauschen

1 Damit man sich etwas Besonderes leisten kann, muss man Ideen haben, denn das neue Mountainbike kann man nicht vom Taschengeld bezahlen. Für viele ist ein **Nebenjob** die Möglichkeit, das Taschengeld zu ergänzen und außerdem Erfahrungen für das Berufsleben zu sammeln. Doch solltet ihr zuerst einige grundsätzliche Fragen beantworten: Wozu braucht ihr das Geld? Job und Schule, geht das? Welche Tätigkeiten sind **geeignet**?

2 Vergesst nicht, dass euer Beruf „Schüler" an erster Stelle steht. Ein Job sollte auf keinen Fall zu anstrengend sein, damit ihr euch in der Schule konzentrieren könnt. Besprecht mit euren Eltern, wie ein Nebenjob und die Schule zusammenpassen können. Auch sollte die Arbeit nicht so lang sein, dass ihr keine Zeit mehr für eure Freunde habt. Wenn eure Noten nicht gut sind, braucht ihr Zeit zum Lernen. In diesem Fall solltet ihr lieber an einen Ferienjob denken.

3 Wenn ihr für einen neuen Computer oder eine Reise spart, dann braucht ihr ziemlich viel Geld. Dafür ist ein Ferienjob besser. Da verdient ihr meistens mehr und ihr könnt mehrere Wochen **am Stück** arbeiten. Möchtet ihr einen bestimmten Beruf kennenlernen? Dann bewerbt euch direkt bei passenden Firmen. Vielleicht bekommt ihr da weniger **Stundenlohn** als sonst, dafür lernt ihr jedoch Dinge, die für eure berufliche Zukunft **nützlich** sind.

4 **Aushilfstätigkeiten** oder Minijobs findet man in Tageszeitungen und vor allem im Internet. Aber auch im Supermarkt oder in der Stadtbücherei findet man häufig Aushänge. Damit ihr Erfolg habt, solltet ihr selbst aktiv werden und persönlich mit einer Firma **Kontakt aufnehmen**.

5 Man muss 13 Jahre alt sein und die Eltern müssen der Tätigkeit zustimmen. Zwischen dem 13. und 14. Lebensjahr darf man zwei Stunden täglich arbeiten. Aber man darf nicht vor oder während des Schultages, nicht an Wochenenden/Feiertagen oder nach 18 Uhr arbeiten. Zwischen dem 15. und dem 18. Lebensjahr ist man laut Gesetz Jugendliche/r. Wenn ihr **schulpflichtig** seid, müsst ihr euch an die Regeln für die 13- bis 14-Jährigen halten. Allerdings dürft ihr in den Schulferien bis zu vier Wochen im Jahr jobben.

1 Jobs und Geld

a **Seht die Bilder an und sammelt Wörter, Ausdrücke und Sätze zum Thema „Jobs und Geld".**

b **Lies den Text und ordne die Zwischenüberschriften den Abschnitten 1–5 zu.**

A Wie finde ich Jobs?
B Ich brauche mehr Geld
C Zuerst entscheiden: Was will ich?
D Hauptberuf: Schüler
E Was sagt das Gesetz?

c **Lies noch einmal und notiere die richtige Lösung a, b oder c.**

1. Der Artikel gibt Tipps …
a) für Praktika.
b) für Schülerjobs.
c) für Berufausbildungen.

2. Auf Platz 1 steht für Schüler …
a) die Schule.
b) die Freundschaft.
c) das Geldverdienen.

3. Bei schlechten Schulnoten …
a) sollte man nicht arbeiten.
b) sollte man einen Job suchen.
c) sind Ferienjobs besser.

4. Jobangebote findet man …
a) in der Schule.
b) z.B. im Supermarkt.
c) nur sehr schwer.

5. Schüler unter 18 dürfen …
a) nicht arbeiten.
b) nur wenig arbeiten.
c) nur bei den Eltern arbeiten.

d **Welche blauen Wörter im Text auf Seite 54 passen zu 1–8?**

1. Man geht persönlich zur einer Firma oder ruft an.
2. ist etwas (Erfahrung/Produkt), das man brauchen kann
3. etwas (ein Job) passt zu einer Person
4. eine längere Zeit ohne Pause arbeiten/lernen
5. eine Tätigkeit, die man nur eine Zeitlang macht
6. das Geld, das man für eine Stunde Arbeit bekommt
7. Man muss in die Schule gehen.
8. eine Tätigkeit, die nicht der Hauptberuf ist

e **Verwende die Begriffe aus 1d in je einem weiteren Beispielsatz.**

2 Nebenjobs – Ferienjobs: Pro und Kontra

a **Sammelt Argumente und diskutiert in der Klasse.**

Pro	Kontra
man kann Geld verdienen	*man hat vielleicht Probleme mit der Schule*

b **Vergleicht Deutschland und eurer Land. Welche Möglichkeiten und Probleme gibt es?**

In Deutschland haben … und bei uns …
In Deutschland darf man …, aber wir …
Ein Bekannter von mir hat einmal …
Mein Bruder hat früher …, aber heute …
Meine Schwester arbeitet als …, denn sie möchte …
Wenn man neben der Schule arbeitet, dann …
Ich finde … gut, weil man …
Das Problem ist, dass …
Viele bekommen wenig Taschengeld, deshalb …
Manche sind nicht gut in der Schule, trotzdem …

3 Radiofeature: Ich musste ihn mir einfach kaufen

CD 36

a Hör zu. Welches Foto passt?

b Was bedeuten diese Wörter? Arbeite mit dem Wörterbuch.

die Kaufsucht • der elektronische Warenkorb • der Bestell-Button • der Frustkauf

TIPP Suche nach den Wortteilen: kauf + Sucht …

c Lies 1–6 und hör zu. Welche Aussagen sind richtig?

1. Das Thema der Radiosendung ist das Einkaufen im Internet.
2. Tina hat Angst, dass sie kaufsüchtig ist.
3. Oft kaufen Kaufsüchtige Dinge, die sie gar nicht brauchen.
4. Nicht jeder, der manchmal zu viel einkauft, ist kaufsüchtig.
5. In Deutschland sind 17 % der Bevölkerung kaufsüchtig.
6. Das Problem „Kaufsucht" haben mehr Frauen als Männer.

d Ist Kaufsucht wirklich ein Problem? Was meint ihr dazu?

4 Kauf dir das Spiel! Kauf es dir!

a Lies das „Denk nach" und ordne die Sätze 1–4 den Regeln a und b zu.

1. Ich wollte **meiner Freundin** (D) **den Rock** (A) nur zeigen.
2. Aber ich musste **ihn** (A) **mir** (D) kaufen.
3. Ich wollt nur **ihr** (D) **einen Rock** (A) kaufen.
4. Ich wollte **ihn** (A) nur **meiner Schwester** (D) kaufen.

Denk nach

a) Person (Dativ) vor Sache (Akkusativ).
b) Wenn die Sache ein Pronomen ist, dann steht die Sache (Akkusativpronomen) zuerst.

b Schreib die Sätze zu Ende wie im Beispiel.

1. Sein Vater wollte ihm das Spiel nicht kaufen, aber …
2. Eigentlich kann ich mir das Handy nicht leisten, aber …
3. Mein Freund hat sich das Fahrrad gewünscht und seine Oma …
4. Nadja konnte sich das „iPad" nicht kaufen, ihr Vater hat … zum Geburtstag geschenkt.
5. Meine Eltern konnten sich nie Urlaub leisten, aber jetzt …
6. Wenn ihr das Auto unbedingt braucht, dann müsst ihr …

Sein Vater wollte ihm das Spiel nicht kaufen, aber er hat es ihm gekauft.

5 Da gibt es ein Problem

CD 37

a Hör den Dialog. Was ist das Problem? Was ist die Lösung?

- ▶ Guten Tag, kann ich Ihnen helfen?
- ▶ Guten Tag, ich möchte dieses Computerspiel zurückgeben.
- ▶ Mm, das ist ein Problem, denn **Software ohne die Originalverpackung können wir leider nicht zurücknehmen**. (1)
- ▶ **Das finde ich aber nicht fair von Ihnen.** (2) Ich habe „MegaCity" bei Ihnen gekauft, aber die CD läuft nicht auf meinem Computer.
- ▶ Das tut mir leid. **Ich möchte Ihnen das erklären.** (3) Sehen Sie, leider kommen viele Kunden und wollen CDs umtauschen, aber heute kann man eine CD sehr leicht kopieren und …
- ▶ Ja, aber das ist hier doch etwas anderes. **Sie funktioniert nicht.** (4)
- ▶ **Lassen Sie mich doch bitte ausreden.** (5) Ich kann Ihnen das Geld nicht zurückgeben, aber eine andere geben.
- ▶ **Einverstanden, aber** (6) was mache ich, wenn die auch nicht funktioniert?
- ▶ Dann kommen Sie noch einmal zu mir. Ich müsste dann mit unserer Reklamationsabteilung sprechen und dann sehen wir weiter.
- ▶ **O.k., dann machen wir das so.** (7)
- ▶ Kann ich sonst noch etwas für Sie tun?

b Lest den Dialog laut. Variiert die Stimme: laut, leise, aggressiv, vorsichtig …

c Schreibt eigene Dialoge. Für 1–7 könnt ihr die Varianten im Kasten verwenden.

zu 1: Auf Computerspiele geben wir keine Garantie.
CDs kann man nicht umtauschen.
zu 2: Da haben Sie schon recht, aber …
Das finde ich nicht in Ordnung.
zu 3: Das müssen Sie verstehen.
Da kann ich wirklich nichts machen.
zu 4: Ich habe die CD ausprobiert. Sie ist kaputt.
Sie müssen doch kaputte CDs zurücknehmen!
zu 5: Hören Sie mir doch einen Moment zu.
Warten Sie doch einen Moment.
Ich erkläre es Ihnen doch gleich.
zu 6: Na ja, …
Ich weiß nicht, …
Das finde ich nicht so gut, denn …
zu 7: Na gut, dann akzeptiere ich das.
Na, dann hoffe ich mal, dass die jetzt funktioniert.

D

Verbrauchertipps für Deutschland

1. Es gibt kein Umtauschrecht. Man muss die Umtauschmöglichkeit beim Kauf vereinbaren.
2. Wenn das Produkt nicht funktioniert oder Fehler hat, dann muss der Verkäufer es zurücknehmen, aber er kann versuchen, es zu reparieren. Nur wenn das nicht möglich ist, muss er das Geld zurückgeben.
3. Software (CD, CDR, DVD …) kann man fast nie umtauschen, wenn die Originalverpackung fehlt.

d Umtauschen, Ware zurückgeben – wie funktioniert das bei euch?

11 Die Politik und ich

BERLIN – 20.000 Schüler aus allen Teilen der Bundesrepublik kamen gestern nach Berlin, um gegen die Bildungspolitik der Bundesregierung zu demonstrieren. Eine Sprecherin des Bündnisses WIWOB (Wir wollen Bildung) betonte, dass der Zustand der deutschen Schulen in den letzten Jahren immer schlechter geworden ist. „Es gibt keinen Politiker, der nicht dreimal am Tag das Wort ‚Bildungsreform' wiederholt, um Wählerstimmen zu bekommen, aber nach den Wahlen machen alle weiter wie vorher", sagte eine Rednerin und forderte ein gemeinsames Programm von Bundestag, Bundesrat und den Länderparlamenten zur Verbesserung der Qualität von Schulen und Unterricht.

NÜRNBERG – Die Präsidentin der Bundesanstalt für Arbeit lud gestern die Presse ein, um über die neuesten Arbeitslosenzahlen zu informieren. Die Arbeitslosigkeit stieg[1] in den letzten vier Wochen um 8 % und liegt nun bei 4,5 Millionen. Die Präsidentin nannte die Zahlen „katastrophal". „Etwas Hoffnung", sagte sie, „macht nur die Entwicklung bei der Jugendarbeitslosigkeit". Diese fiel[2] im Vergleich zum Vorjahr sogar etwas, weil weniger Jugendliche auf den Arbeitsmarkt kamen[3]. Die Opposition kritisierte die Regierungspolitik scharf und forderte im Bundestag staatliche Programme, um die Arbeitslosigkeit zu reduzieren. Der Bundeswirtschaftsminister lehnte solche Programme ab.

1 steigen/stieg ↗; 2 fallen/fiel ↘;
3 Weniger Jugendliche haben Arbeit gesucht.

Lernziele
- ★ Den Zweck von etwas nennen
- ★ Meinungen äußern und begründen
- ★ Einen Vortrag halten

A

B

C

1 Zeitungsnotizen

a Sieh die Fotos und Texte an. Was passt zusammen?

b Internationale Wörter in den Texten: Welche kennst du vom Englischen oder von deiner Muttersprache?

Staat: engl. state – Programm: engl. programme – Reform: engl. …

c In den Texten findest du Wörter mit „Bund-". Finde heraus, was das bedeutet.

d Was sagen die Texte? Schreibt die Antworten und vergleicht in der Klasse.

Text 1: Warum waren die Schüler in Berlin? Was soll sich ändern? Was hält die Rednerin von Politikern?
Text 2: Was ist in den letzten vier Wochen passiert? Wie sieht es für junge Leute aus? Was fordert die Opposition?

e Gibt es diese Probleme auch bei euch? Was ist ähnlich? Was ist anders?

2 Über die Vergangenheit schreiben

a Suche die Präteritumsformen zu diesen Infinitiven auf Seite 58.

einladen • steigen • nennen • sagen • fallen • fordern • ablehnen • kommen • betonen

b Ordne die Formen nach regelmäßig und unregelmäßig und ergänze das „Denk nach".

Denk nach

Präteritum: regelmäßige Verben

ich/er/es/sie/man	sag**...e**
du	sagtest*
wir/sie/Sie	sag**...en**
ihr	sagtet*

* Diese Formen braucht man fast nie.

c Ergänze die Sätze mit Verben aus 2a.

1. Die Preise für Benzin ... im letzten Jahr um 25 %.
2. Die Bundeskanzlerin ... diese Tatsache „katastrophal" für die deutsche Wirtschaft.
3. Ein Sprecher der Opposition ... mehr Aktivität von der Regierung.
4. Der Finanzminister ... die Forderungen der Opposition ...
5. Nur wenige Journalisten ... zur Pressekonferenz der Bildungsministerin.
6. Der Bundespräsident ... letzte Woche alle Journalisten zum großen Pressefest ...
7. Die Sprecherin von WIWOB ...: „Die Regierung muss handeln und nicht nur reden!"

3 Wozu mache ich das?

a Suche die Sätze mit *um ... zu* auf Seite 58 und ergänze das „Denk nach".

Denk nach

	WOZU?	
1. Die Präsidentin sprach mit der Presse,	**um** über ...	**zu** informieren.
2. Die Opposition fordert staatliche Programme,	**um** die ...	**zu** reduzieren.
3. 20.000 Schüler kamen nach Berlin,	**um** gegen ...	...
4. Die Politiker sprechen über die Bildungsreform,	**um** Wählerstimmen	...

b Schreib Sätze mit *um ... zu*. Es gibt mehrere Möglichkeiten.

1. Ich engagiere mich politisch,
2. Jugendliche müssten mehr tun,
3. Viele junge Leute arbeiten in der Kirche mit,
4. Du musst mehr Zeitung lesen,
5. Ich mache jeden Abend Sport,
6. Mein Freund arbeitet im Supermarkt,

a) etwas verändern.
b) etwas für die Gesellschaft tun.
c) dich informieren.
d) die Politik mitgestalten.
e) Geld verdienen.
f) fit bleiben.

Ich engagiere mich politisch, um die Politik mitzugestalten.

Die Grünen fordern weiter das Wahlrecht ab 16. Der Grünenpolitiker Kai Gehring betonte, dass das Wahlrecht ab 16 ein klares Zeichen dafür wäre, dass die Jugend ernst genommen wird und im Staat mitentscheiden kann.
Der Bundestag hat den Antrag der Grünen zwar wieder abgelehnt, aber die Partei will das Thema weiter in der Öffentlichkeit diskutieren. Die demokratische Erziehung muss schon im Kindergarten beginnen, sagte Gehring. Um die Jugend für Politik zu interessieren, muss das Thema auch in Schulen und Jugendzentren mehr Gewicht bekommen. Um die Demokratie zu stärken, sollten Jugendliche mehr wirkliche Mitspracherechte haben und deshalb auch bei Wahlen mitmachen dürfen.

4 Eine politische Forderung

a Lies den Text oben. Welche Überschriften passen?

Wahlrecht für alle
Wahlrecht für Jugendliche
Grüne fordern Wahlrecht ab 16
Deutscher Bundestag beschließt Wahlrecht ab 16

b Lies 1–4. Was steht im Text und was nicht?

1. Es gibt so viele uninformierte Erwachsene, deshalb sollten auch die Jugendlichen wählen.
2. Wenn Jugendliche früher wählen dürfen, fühlen sie sich akzeptiert.
3. Demokratie muss man schon so früh wie möglich lernen.
4. Eigentlich sollte das Wahlrecht schon im Kindergarten beginnen.

CD 38–41 **c Vier Jugendliche sagen ihre Meinung. Wer ist für ein Wahlrecht für Jugendliche und wer ist dagegen?**

Anna-Lena Scheller (17)

Ivo Ballhaus (15)

Felicitas Riester (22)

Hüsein Yanarsönmez (16)

d Hör noch einmal und notiere die Argumente.

Viele Jugendliche	haben (nicht) genug Erfahrung, um zu wählen.
Viele Erwachsene	wissen nichts / auch etwas / genug über Politik.
Jugendliche unter 16/12 …	haben keine Ahnung von Politik.
Kinder	wissen auch nicht weniger als die meisten Erwachsenen.
	wissen noch nicht, was sie wählen.
	würden doch nur wie ihre Eltern wählen.
	würden vielleicht radikale Parteien wählen.

Felicitas
Es stimmt nicht, dass …

5 Deine Meinung: Wahlrecht für Kinder und Jugendliche

Lies den Beispieltext und schreib einen Text nach diesem Modell.

1. EINLEITUNG – *Seit einigen Jahren diskutiert man über das Wahlrecht für Jugendliche.*

2. DAFÜR – *Viele sind für das Wahlrecht ab 16, weil sie meinen, dass Jugendliche mit 16 schon genauso mitbestimmen können wie mit 18.*

3. DAGEGEN – *Es sind aber auch viele dagegen. Sie sagen, dass man mit 16 noch zu jung ist, um eine eigene politische Meinung zu haben.*

4. SCHLUSS: MEINE MEINUNG – *Ich bin dafür, weil ich glaube, dass der Unterschied zwischen 16 und 18 nicht so groß ist. Jugendliche wollen mitgestalten und oft sind sie auch nicht schlechter informiert als viele Erwachsene.*

6 Das DACH-Quiz

Jede/r schreibt drei Quizfragen zu D, A, CH und zu seinem/ihrem Land (und die Antworten dazu). Sammelt die Fragen auf Karten und spielt in der Klasse.

1. Wie heißt das deutsche Parlament?
a) Reichstag
b) Feiertag
c) Bundestag

2. Was ist ein österreichisches Bundesland?
a) Burgenland
b) Disneyland
c) Bayern

3. Welches Land ist kein Nachbar von der Schweiz?
a) Österreich
b) Schweden
c) Frankreich

Projekt – Deutschland, Österreich und die Schweiz

Bereitet Vorträge über die drei Länder vor. Die Fragen helfen. Wählt einige aus.

Wer führt die Regierung?
Wie heißen die Parlamente?
Wie heißt das höchste Staatsamt?
Wer ist zurzeit an der Regierung?
Wer ist in der Opposition?
Wie sind die Länder gegliedert?
Wie heißen die wichtigsten Parteien?
Ab welchem Alter darf man wählen?
Wie alt ist das jüngste Parlamentsmitglied?
…

D A CH

Informationen zur Landeskunde im **Internet.**
Suchwort:
deutschland.de, oesterreich.com, ch.ch

12 ... liebt mich ... liebt mich nicht ...

Du hast Diamanten und Perlen,
Hast alles, was Menschenbegehr[1],
Und hast die schönsten Augen –
Mein Liebchen, was willst du mehr?

Auf deine schönen Augen
Hab ich ein ganzes Heer[2]
Von ewigen Liedern gedichtet
Mein Liebchen, was willst du mehr?

Mit deinen schönen Augen
Hast du mich gequält so sehr,
Und hast mich zu Grunde gerichtet[3]
Mein Liebchen, was willst du mehr?

Heinrich Heine

[1] Alles, was Menschen haben wollen
[2] sehr viele
[3] kaputtgemacht

Ja! eine Sonne ist der Mensch,
allsehend[4], allverklärend[5],
wenn er liebt,
und liebt er nicht,
so ist er eine dunkle Wohnung,
wo ein rauchend Lämpchen brennt.

Hölderlin

[4] Er sieht alles.
[5] Er macht alles schöner, als es ist.

Kannst du nicht mehr Geliebte sein,
sei Freundin mir sodann;
hat man die Liebe durchgeliebt,
fängt man die Freundschaft an.

Heinrich Heine

Was es ist

Es ist Unsinn
sagt die Vernunft
Es ist was es ist
sagt die Liebe

Es ist Unglück
sagt die Berechnung
Es ist nichts als Schmerz
sagt die Angst
Es ist aussichtslos
sagt die Einsicht
Es ist was es ist
sagt die Liebe

Es ist lächerlich
sagt der Stolz
Es ist leichtsinnig
sagt die Vorsicht
Es ist unmöglich
sagt die Erfahrung
Es ist was es ist
sagt die Liebe

Erich Fried

Lernziele
- ★ Über Gedichte sprechen
- ★ Über Gefühle sprechen
- ★ Menschen charakterisieren
- ★ Über zeitliche Abläufe sprechen

1 Liebesgedichte

CD 42–45

a Hör und lies die Gedichte. Zu welchem passt das Bild am besten? Warum?

b Zu welchen Gedichten könnten diese Sätze passen?

1. Die Liebe ist immer ein Risiko. Lieben ist gefährlich, so ist es eben.
2. Ich habe dich so sehr geliebt, aber du hast mein Leben kaputtgemacht.
3. Wenn du liebst, ist die Welt hell und weit für dich. Wenn du nicht liebst, ist sie dunkel und eng.
4. Wir lieben uns nicht mehr, aber wir verstehen uns trotzdem noch sehr gut.

c Was möchtet ihr noch mit den Gedichten tun? Wählt eine Aktivität aus.

ein Gedicht auswendig lernen / laut lesen • andere Liebesgedichte und Liebeslieder im Internet suchen • über ein Gedicht sprechen • das Gedicht „Was es ist" variieren • ein Bild/Foto zu einem Gedicht machen und Kommentare/Assoziationen dazu aufschreiben

d Wie findest du die Gedichte?

2 Glück und Enttäuschung

a Lies den Comic. Ordne 1–4 den Bildern a–d zu.

1. Sie schrieb einen Brief an Marina mit falschem Namen.
2. Susi rief ihre Freundin an und erzählte ihr alles.
3. Als Fred Marina eine Rose zum Valentinstag schenkte, war es aus für Susi.
4. Als Marina da war, wurde alles anders.

Bevor Marina kam, waren Susi und Fred das Traumpaar.

Sie machten alles zusammen.

a) ____________________

Seit sie in der Klasse ist, haben alle Jungs nur Augen für sie. Auch Fred.

b) ____________________

c) ____________________

... und sie dachte nur an Rache.

d) ____________________

b Erzähl, was passiert ist.

CD 46–47 **c Hör die Dialoge und beantworte die Fragen.**

Dialog 1 a) Wer kann nicht mehr schlafen? b) Wer war sofort verliebt? c) Wer hat ein Problem? d) Wie will er/sie es lösen?
Dialog 2 a) Wie fühlt sich Susi? b) Warum? c) Was will Susi tun? d) Was rät ihr Sylvia?

d Was schreibt Susi an Marina? Sammelt Ideen.

3 Seit, als, bevor

a Ordne 1–3 und A–C einander zu.

Denk nach

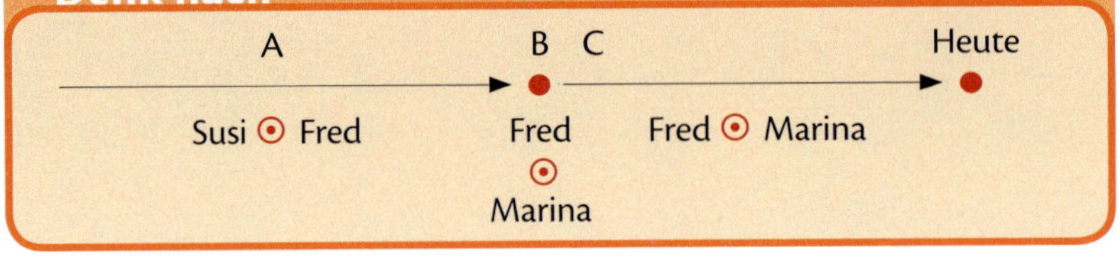

1. Als er Marina sah, war er sofort in sie verliebt.
2. Seit Marina in der Klasse ist, hat er nur noch Zeit für sie.
3. Bevor Marina in unsere Klasse kam, war Fred mein Freund.

b Was passt zusammen? Ordne zu.

1. Als Susi Fred mit Marina sah,
2. Marina macht sich immer schön,
3. Fred kann nicht mehr klar denken,
4. Bevor Susi Schluss macht,
5. Er hat mich nicht mehr angerufen,
6. Marina hat nicht gewusst, was Liebe ist,

a) bevor sie Fred getroffen hat.
b) bevor sie sich mit Fred trifft.
c) seit er Marina zum ersten Mal gesehen hat.
d) seit Marina in der Klasse ist.
e) sollte sie noch mit Fred reden.
f) war sie total eifersüchtig.

4 Von Liebe und Eifersucht

Schreibt und spielt Dialoge. Verwendet auch Äußerungen aus den Kästen.

Ich kann nicht mehr schlafen, seit …
Ich muss immer an sie denken.
Ich kann mich nicht mehr konzentrieren, weil …
Als ich dich das erste Mal gesehen habe, habe ich gewusst, das ist er/sie.

Kannst du mir helfen, ich weiß nicht weiter.
Ich glaube, dass … einen anderen hat.
Ich habe das Gefühl, dass … mich betrügt.
… trifft sich seit Wochen mit einem anderen.
Es ist alles umsonst, ich habe alles versucht.
Ich bin so enttäuscht. / Ich bin total fertig.

Sie gefällt ihm sehr.
Er gefällt ihr sehr.
Er hat ihr eine Rose zum Valentinstag geschenkt.
Sie hat ihm … geschenkt.
Seit er/sie da ist, hat … nur noch Augen für …

Er/Sie ist (nicht) ehrlich.
Ich kenne ihn, seit wir im Kindergarten waren.
Du kannst ihm/ihr (nicht) vertrauen.
Es tut mir so leid, dass du so viel Pech hast.
Das kann er/sie doch nicht machen!

Mögliche Situationen:

1. Streit zwischen Freundin und Freund: Sie hat ihn mit einer anderen gesehen.
2. Zwei Freunde (A/B) sprechen miteinander: Die Freundin von A redet immer vom Exfreund.
3. Zwei Freundinnen (A/B) sprechen miteinander: Der Freund von A spielt nur Computer.
4. Ein Mädchen erzählt ihrem (Ex-)Freund, dass sie sich neu verliebt hat.
5. Ein Junge erzählt seiner (Ex-)Freundin, dass …

5 Moderne Männer – fitte Frauen

a 90 Adjektive – Notiere je zehn, die etwas Positives oder Negatives über einen Menschen sagen. Notiere auch zehn neutrale/sachliche Adjektive. Vergleicht.

positiv	*negativ*	*neutral/sachlich*
ehrlich, gleichberechtigt, großzügig	*schrecklich*	*ängstlich, blond*

1 ehrlich	19 freundlich	37 konservativ	55 ordentlich	73 still
2 gleichberechtigt	20 froh	38 kritisch	56 passiv	74 stolz
3 großzügig	21 fröhlich	39 kühl	57 persönlich	75 süß
4 schrecklich	22 furchtbar	40 langweilig	58 positiv	76 tolerant
5 ängstlich	23 gemütlich	41 laut	59 praktisch	77 toll
6 arm	24 glücklich	42 lebendig	60 pünktlich	78 traurig
7 beliebt	25 groß	43 leise	61 reich	79 treu
8 bequem	26 gut	44 liberal	62 ruhig	80 untreu
9 berühmt	27 hart	45 lieb	63 schick	81 unvernünftig
10 blond	28 hässlich	46 lustig	64 schlank	82 vernünftig
11 böse	29 höflich	47 männlich	65 schnell	83 verrückt
12 dankbar	30 intelligent	48 menschlich	66 schön	84 warm
13 dumm	31 interessant	49 modern	67 schwach	85 weiblich
14 dünn	32 jung	50 natürlich	68 selbständig	86 weich
15 einfach	33 kalt	51 negativ	69 spannend	87 wütend
16 faul	34 klug	52 nervös	70 sparsam	88 zornig
17 fit	35 komisch	53 nett	71 sportlich	89 zufrieden
18 frech	36 kompliziert	54 neugierig	72 stark	90 zuverlässig

b Finde die Nomen zu den folgenden Adjektiven im Wörterbuch. Welche Endungen haben sie und welche Artikel?

dankbar • frech • gemütlich • klug • lebendig • pünktlich • schön • weiblich • zufrieden • zuverlässig

c Wie soll der Mann / die Frau fürs Leben sein? Welche Eigenschaften darf er/sie nicht haben? Schreib 100 Wörter. Verwende sechs Adjektive aus der Liste.

Ich glaube nicht, dass es den idealen Mann gibt, aber man darf sich ja etwas wünschen. Mein Mann soll groß sein (mindestens 1,80 m) und er soll sportlich und schlank sein, aber nicht zu dünn. Ich hätte gerne einen Mann, der ein bisschen verrückt ist, aber auch zuverlässig. Er soll akzeptieren, dass ich gleichberechtigt bin. Ich wünsche mir einen klugen und toleranten Mann, der auch sehr warm und weich sein kann. Er darf nicht bequem sein und schon gar nicht faul. Er soll sparsam sein, aber auch großzügig. Er sollte selten nervös werden, höflich sein und sehr lieb zu mir.

Projekt

Seid ihr Fans von jemandem? Stellt euren Lieblingsstar (Film, Musik, Sport …) vor.
Macht dazu Plakate oder Powerpoint-Präsentationen.

Training 4

1 Sprechen – Verständlich sprechen und: Was tun, wenn man ein Wort nicht findet?

CD 2 **a Hört die Präsentation. Wie findet ihr sie? Was könnte man besser machen?**

CD 3 **b Hört die Sätze aus der Präsentation und sprecht sie besser.**

1. Hallo, ich heiße Maria Bethania. Ich will über Pferde sprechen. Pferde sind meine Lieblingstiere. Mein Pferd heißt Rotario. Mein Pferd ist sechs Jahre alt.
2. Früher waren die Pferde überall wichtige Arbeitstiere und vor der Zeit des Autos das wichtigste Transportmittel. Heute benutzt man sie in den meisten Ländern nur noch in der Freizeit.

c Welches Wort fällt Maria nicht ein? Was könnte sie machen?

Man muss sehr auf die Gesundheit von den Pferden ..., vor allem auf ihre Hufe. Pferde sind große und schwere Tiere und das ganze ... ist auf den vier Hufen. Deshalb können sie sich sehr leicht an den Hufen ...

Ihr fällt das Wort „aufpassen" nicht ein. Sie könnte sagen: Man muss sehr auf die Gesundheit von Pferden ... tut mir leid, mir fällt das Wort nicht ein, ich will sagen, man muss sehr vorsichtig mit der Gesundheit von Pferden sein.

Tut mir leid, mir fällt das Wort nicht ein. Ich will sagen ...
Ich komme nicht auf das Wort, wie heißt das noch einmal auf Deutsch?

2 SCHWERPUNKT: Sprechen – Eine Präsentation vorbereiten

a Sammelt Themen für Präsentationen.

Ich würde gern über die Alpen sprechen.

Mein Lieblingsthema ist ...

Ich könnte eine Präsentation über Pop-Musik in Deutschland machen.

b Ordnet die Schritte in eine Reihenfolge, die euch sinnvoll erscheint.

- Den Vortrag mit dem Plakat / der Power-Point üben
- Informationen ordnen
- einen Referattext schreiben
- Stichworte aus dem Text nehmen
- eine Gliederung machen
- den Text schreiben
- den Text laut lesen
- eventuell Bilder suchen
- Informationen sammeln
- den Text korrigieren
- ein Plakat machen / eine Power-Point machen

c Anfang – Mitte – Schluss: Ordnet die Satzanfänge und ergänzt andere Möglichkeiten.

Als Letztes möchte ich noch sagen ...
Ich komme zum Schluss ...
Ich habe das Thema gewählt, weil ...
Das Thema interessiert mich, denn ...
Meine Erfahrung ist, dass ...
... Vielen Dank, dass Sie mir zugehört haben.
Ich beschäftige mich schon lange mit diesem Thema, deshalb ...
Und zum Schluss erkläre ich ...
Zuerst möchte ich ...
Dann werde ich ...
Meine Thema ist / sind ...
Nachdem ich nun ... erklärt habe, will ich ...
Ich denke, dass ...
Als Nächstes möchte ich ...
Ich komme zu meinem nächsten Punkt.
Ich möchte über ... sprechen.
Ich bin der Meinung, dass ...

Anfang	Mitte	Schluss
		Als letztes möchte ich ...

d Erarbeitet in Gruppen eine Präsentation und tragt sie vor.
Die anderen in der Klasse stellen danach drei oder vier Fragen.

Viele Mädchen wünschen sich ein Pferd. Was rätst du ihnen?

Was ist für dich wichtiger, deine Liebe zum Pferd oder zum Reitsport?

3 Hören – Gespräche

CD 4–6

Du hörst jetzt drei Gespräche. Zu jedem Gespräch löst du zwei Aufgaben.

Nummer 1
Leo Babel sucht einen Ferienjob.
- Richtig
- Falsch

Nummer 2
Was ist das Problem?
a) Die Firma zahlt zu wenig.
b) Man muss eigentlich drei Monate arbeiten.
c) Die Firma nimmt keine Studenten.

Nummer 3
Jürgen geht es nicht gut.
- Richtig
- Falsch

Nummer 4
Rolf rät ihm ...
a) in Urlaub zu gehen.
b) mit Sabine zu sprechen.
c) nichts zu tun.

Nummer 5
In vier Wochen sind Wahlen.
- Richtig
- Falsch

Nummer 6
Zelia möchte ...
a) viel Zeitung lesen
b) wählen gehen.
c) nichts von Politik hören.

4

Lesen – Sprachbausteine

Welche Wörter passen: a, b oder c?

Hallo, Leute,
ich habe (1) Diskussion über das Wahlalter gelesen. Ich finde auch, dass man ab 16 wählen dürfen sollte, aber ich meine, (2) Jugendliche das Wählen nach und nach lernen müssen. So (3) man doch sagen, dass sie schon ab 14 bei der Wahl in der Stadt oder auf dem Dorf mitmachen (4), dann ab 16 bei Landtagswahlen und ab 18 bei Bundestagswahlen. Auf der anderen Seite kann ich auch gut das Argument (5), dass viele Erwachsene auch keine Ahnung von Politik haben und deshalb eigentlich auch Kinder schon (6) gut wählen können wie Erwachsene.
Liebe Grüße
Leila Patros

	a	b	c
1.	ihre	eure	seine
2.	dass	weil	wenn
3.	konnte	kannst	könnte
4.	durften	dürfte	dürfen
5.	verstehen	verstand	verstehe
6.	mehr	genauso	fast

5

Lesen – Anzeigentexte

TIPP

Bei dieser Aufgabe suchst du in acht Zeitungsanzeigen ganz gezielt nach Informationen.

Lies zuerst die Aufgaben 1–5 ganz genau und notiere die Schlüsselinformationen.

1. Lies nun einmal alle Anzeigen schnell.
2. Lies danach Aufgabe 1 und suche die passende Anzeige.
3. Mach weiter, bis du vier passende Anzeigen gefunden hast.

! Eine Aufgabe hat immer keine Lösung. Notiere in diesem Fall X.

4. Kontrolliere am Ende noch einmal alle Lösungen.

! Auch wenn du unsicher bist: Ordne auf alle Fälle immer 4 Aufgaben eine Anzeige zu und einer ein X.

Lies zuerst die Aufgaben 1 bis 5 und suche dann in den Anzeigen a bis h: Welche Anzeige passt zu welcher Situation? Für eine Aufgabe gibt es keine Lösung. Markiere in diesem Fall X.

1. Evgenia Gaier aus Russland sucht einen Ausbildungsplatz bei einer Export-Import-Firma.
2. Milada Hartlowa (18) aus Tschechien möchte ihr Deutsch verbessern und Geld dazuverdienen.
3. Georg Knill aus Österreich studiert in Leipzig und möchte im Sommer arbeiten.
4. Peter Pohamba (17) aus Namibia sucht eine Gastfamilie für einen Schüleraustausch.
5. Rio Weber (19) aus Peru möchte im Sommer in Deutschland ein Praktikum bei einer Tourismus-Firma machen.

ANNONCE

a Unsere Arbeit ist der Urlaub.
Sie suchen ein Praktikum? Wir freuen uns auf Sie! Es erwartet Sie ein moderner Arbeitsplatz in Frankfurt und ein internationales Team bei einem großen Reiseveranstalter. Als Dauer für ein solches Praktikum sehen wir 2 bis 6 Monate vor. Ihre aussagekräftige E-Mail-Bewerbung (Lebenslauf, Zeugnisse) senden Sie bitte an: bewerbung@hwtour.de

b Wir suchen **Verkaufsprofis als freie Handelsvertreter.** Wir bieten:
beste Schulung – gute Arbeitsbedingungen – beste Verdienstmöglichkeiten.
Wir erwarten: Teamfähigkeit – Erfolgsorientierung – Computerkenntnisse.
E-Mail: info@kiga-bonn.de
Tel: 0180 3249674

c Wir sind eine **FAMILIE** mit fünf Kindern und leben in Husum an der deutschen Nordseeküste. Für unsere zwei jüngsten Kinder (5 und 8) suchen wir schnellstmöglich: Au-pair-Mädchen/Jungen, Alter 18–20 Jahre. Wir bieten ein gutes Taschengeld, viel Freizeit und einen Deutschkurs an der Volkhochschule.
Bitte schicken Sie Ihre E-Mail-Bewerbung an: e-gumz@bmail.com

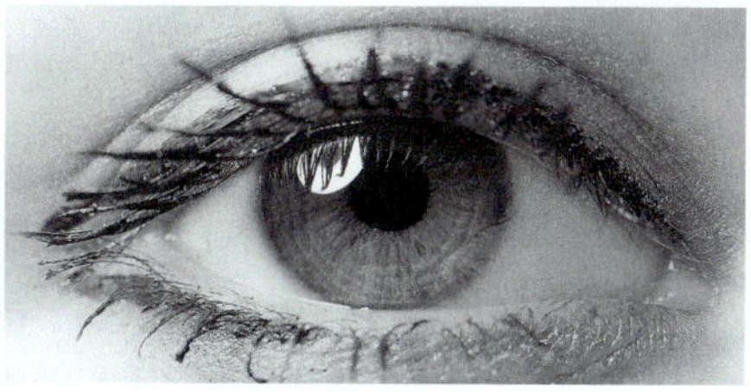

d Fotografie für Anfänger
10 Abende für Fotoamateure und solche, die es werden wollen. Der Fotograf Alex Binder führt in die Grundlagen der Fotografie ein. Wichtiger Teil des Kurses ist die Besprechung eigener Arbeiten.
Kontakt/Anmeldung: Tel. 0721 34689112

e Weltkurier GmbH&Co KG
Wir denken und arbeiten global. Wir bieten ab Oktober drei Ausbildungsplätze zum/zur Großhandelskaufmann/frau. Wir freuen uns besonders auf Bewerber/innen aus den osteuropäischen Staaten. Gute Deutschkenntnisse setzen wir voraus.
Mehr über uns: www.weltkurier.com
Bewerbungsunterlagen per E-Mail an: personal@weltkurier.com

f Sie brauchen Geld? Sie haben eine gute Telefonstimme? Wir bieten einen 400-€-Job im Juli/August. Kein Verkauf! Interesse? Melden Sie sich per Telefon unter: 06225 245835689

g CPS-Freiburg
Die neuen Kurse beginnen im Mai.
Excel für Anfänger und Fortgeschrittene – TaxCut 0.9 Grundkurs – Photoshop, Niveau 3
Anmeldung unter Tel. 0221 6941234 oder info@cpsfreiburg.de

h Raum Berlin: Reinigungskraft
(3 Mal pro Woche je 2 Stunden)
Sie sind verantwortlich für die Reinigung der Büros (Fußböden, Mülleimer, Bäder, Schreibtische …)
Sie arbeiten selbständig, freundlich und genau? Dann rufen Sie an: 030-7842370
Mail: info@potcom.de

6 Schreiben

Wähle eine Aufgabe aus: Aufgabe A oder Aufgabe B. Zeig, was du kannst. Schreib möglichst viel.

A
Eine deutsche Austauschschülerin hat dich per E-Mail zu ihrer Abschiedsfeier eingeladen. Sie hat geschrieben, dass sie traurig ist, dass der Austausch schon vorbei ist. Antworte auf die E-Mail. Schreib etwas zu den folgenden Punkten:
- Grund für deine E-Mail
- Reaktion auf die „Traurigkeit“
- Kommst du?
- Bitte um Wegbeschreibung

B
Du hast einen E-Mail-Partner in Deutschland. Er möchte dich im Sommer besuchen. Er hat drei Wochen Zeit und bittet um Tipps für seine Reise. Antworte auf die E-Mail. Schreib etwas zu den folgenden Punkten:
- Grund für deine E-Mail
- Frage nach genauen Terminen
- Einige Tipps
- Freude über den Besuch

7 Für mein Portfolio

Was müsste in der Politik anders sein, damit sich mehr Jugendliche engagieren?

13 Planet Erde

Lernziele

- ★ Überraschung/Zweifel äußern
- ★ Über Umweltprobleme sprechen
- ★ Einen Sachtext verstehen

1 Umwelt- und Klimaschutz

a Macht eine Mind-Map zum Thema „Umwelt".

b Schaut die Fotos an. Zu welchen Bildern passen die Wörter? Ergänzt weitere Wörter.

das Hochwasser • der Klimawandel • der Lärm • die Naturkatastrophe • die Abgase • das Gift • umweltfeindlich • die Zerstörung der Natur • der Smog • die Klimaerwärmung • die Luftverschmutzung • die Trockenheit • die Industrie …

Bild D: die Trockenheit, trocken, die Sonne …

c Arbeitet zu dritt. Wählt ein Foto aus und beschreibt es.

Auf Foto A sieht man viele Lastwagen.
Foto B zeigt eine Naturkatastrophe. Man sieht …
Auf Foto C sieht man zwei Schornsteine. …
Auf Foto D sieht man trockene Erde. Wahrscheinlich …

d Lies 1–6 und dann die Zeitungsnotiz auf Seite 71. Welche Aussagen sind falsch?

1. Junge Menschen interessieren sich wenig für den Umweltschutz.
2. Alle Jugendlichen wollen gegen den Terrorismus kämpfen.
3. 50 % der Jugendlichen fürchten sich vor den Folgen der Klimaerwärmung.
4. Die meisten Jugendlichen setzen sich aktiv für den Klimaschutz ein.
5. Viele Jugendliche würden auf etwas verzichten, wenn das der Umwelt helfen würde.
6. Nur fünf Jugendliche aus der Umfrage kannten Umweltprojekte in ihrer Umgebung.

Umfrage zeigt: Umwelt- und Klimaschutz sind die Top-Themen der Jugendlichen

Nach einer Umfrage der „Bravo" ist der Klimawandel das wichtigste politische Thema für die Jugendlichen in Deutschland. 89 % der Befragten halten den „Klimawandel" für das Top-Thema. Nur das Thema „Schule und Bildung" erreicht mit 90 % noch 1 % mehr. Der Klimaschutz ist für die Jugendlichen ein wichtigeres Thema als z.B. die Wirtschaftskrise (85 %), der Kampf gegen den Terrorismus (80 %) oder die soziale Ungerechtigkeit (79 %). Die Hälfte der Jugendlichen macht sich Sorgen wegen des Klimawandels. Sie haben z.B. Angst vor Naturkatastrophen oder schlechterem Trinkwasser. Fast zwei Drittel glauben, dass die Erderwärmung ihr Leben stark verändern wird. Das Interesse, selbst etwas für den Klimaschutz zu tun, ist groß. 82 % würden wegen der Umweltprobleme auf persönliche Vorteile verzichten. Aber nur jeder 5. Jugendliche kennt ein Umweltschutzprojekt in seiner Umgebung.

2 Über die Umfrage sprechen

a Wiederholung: indirekte Fragesätze. Sprecht zu dritt.

Wofür interessieren sich junge Menschen?

Wie bitte? Was hat er gefragt?

Er hat gefragt, wofür sich junge Menschen interessieren.

Zum Beispiel für den Umweltschutz.

b Fragt und antwortet nach dem Muster in 2a.

1. Wovor haben viele Jugendliche Angst?
2. Warum ist ihnen die Umwelt so wichtig?
3. Was wollen sie für den Klimaschutz tun?
4. Wie viele arbeiten in Umweltprojekten mit?
5. Welche anderen Themen finden sie wichtig?
6. Wofür interessierst du dich?

c Sprecht über die Zeitungsnotiz. Wie ist das bei euch?

Ich weiß nicht, wer/wie ...
Ich bin nicht sicher, wie ...
Ich frage mich, warum/wie ...
Mich überrascht, dass ...
Ich vermute, dass bei uns ....
Ich kann mir vorstellen, dass ...

3 Präposition *wegen*

a Markiere im Text oben die Sätze mit *wegen*. Ergänze das „Denk nach".

Denk nach

wegen + Genitiv

			G
die Erderwärmung	Die Ozeane werden wegen d... Erderwärmung wärmer.	m	**des**
der Klimawandel	Wegen d... Klimawandels gibt es mehr Katastrophen.	n	**des**
		f	**der**
		Plural	**der**

b Schreib Aussagen und Fragen mit *wegen*.

1. die Menschen / ... Sturms / ihre Häuser / verlassen / mussten / .
2. wann / der Nordpol / eisfrei / ... Klimaerwärmung / ist / ?
3. ... Klimawandels / es gibt / weniger Trinkwasser / .
4. ... Grippe / die Schule / bleibt / heute / geschlossen / .
5. Um wie viel Uhr / ... Referats / anrufen / kann / ich dich / .

Die Menschen mussten wegen ...

4 Mülltrennung

a Lest die Wortliste. Klärt je drei unbekannte Wörter und erklärt sie euch gegenseitig.

die Bananenschalen
die Zwiebelschalen
das Marmeladenglas
die Glühbirne
der Sessel

das Geschirr
die Milchtüte
das Holzregal
die Essensreste
die Pfandflasche

der Joghurtbecher
die Plastiktüte
die Eierschalen
die Waschmaschine
der Prospekt

die Zeitung
die Bierdose
das Heft
die Plastikflasche
der Schuh

das Buch
die Flasche
das Senfglas
das Bügeleisen
die Plastikschachtel

b Sortiert den Müll aus 4a in die Mülltonnen.

Tipps für richtige Mülltrennung

Wohin mit dem Abfall? Darf man Milchtüten in die Biotonne werfen? Gehört eine Glühbirne in den Restmüll?

Wer richtig trennt, hilft beim Recyceln und Müllvermeiden.

CD 7–8 **c Lies die Aufgaben und hör Teil 1 und 2 des Gesprächs. Entscheide: Was ist richtig?**

Teil 1
John und Carsten sprechen über Mülltrennung.

Was ist das Problem?
a) John weiß nicht, was Pfandflaschen sind.
b) Er versteht nicht, wie man in Deutschland den Müll trennt.
c) Er will nichts für die Umwelt tun.

DER GRÜNE PUNKT

Teil 2
John möchte zu Hause nur einen Mülleimer haben.

Wann kann John seinen Sperrmüll auf die Straße stellen?
a) Jeden Tag.
b) Einmal in der Woche.
c) Das Datum muss er im Internet suchen.

d Sortiert ihr den Müll? Wie? – Wie kann man Müll vermeiden?

Ich kaufe Getränke ...

Ich mache keine Mülltrennung. Das kostet zu viel Zeit!

Man könnte mehr Sachen ohne Verpackung kaufen.

Man könnte Altpapier sammeln.

Die neuen Glühbirnen brauchen weniger Strom und halten länger.

Man könnte ...

5 CD 9

Von der Natur lernen

a Betrachte Foto A und hör zu. Was siehst du? Was denkst du? Wo könnte das sein?

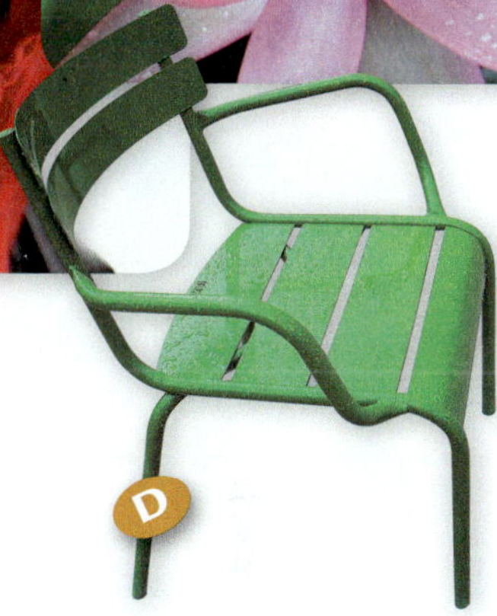

b Lies den Text. Was haben die Fotos damit zu tun?

Die Natur hilft den Menschen

Gartenmöbel, die nicht schmutzig werden, Häuser, die bei Regen selbstreinigend sind, Autos, die man nicht mehr putzen muss: Wie ist das möglich? Ein Bonner Wissenschaftler hat sich die Frage gestellt: „Warum ist die Lotusblume auch im schmutzigsten Wasser immer sauber?"
Die Lösung: Das Blatt hat eine besondere Struktur, die durch ein Material, das dem Wachs ähnlich ist, geschützt ist. Das Wasser läuft daran einfach ab. Man nennt diesen Effekt „Lotuseffekt". Heute wird dieser Lotuseffekt bei der Produktion von Farben, Gläsern, Kleidungsstücken usw. verwendet.
Wie kann die Natur uns helfen? Das ist die Frage, mit der sich die „Bionik" beschäftigt. Das ist ein noch junger Wissenschaftszweig, der in der Natur Hinweise für technische Lösungen entdecken möchte. Das Wort „Bionik" setzt sich aus den Wörtern „Biologie" und „Technik" zusammen. In dieser Wissenschaft arbeiten Naturwissenschaftler und Ingenieure, Architekten und Philosophen zusammen. Sie definieren zuerst das Problem und suchen dann zusammen nach Lösungen in der Natur.

c Beantworte die Fragen.

1. Woher kommt das Wort Bionik?
2. Womit beschäftigt sich Bionik?
3. Welche Wissenschaftler arbeiten in der Bionik zusammen?
4. Wie funktioniert der Lotuseffekt?

d Wortschatz erweitern: Zu welchen Wörtern im Text passen diese Erklärungen?

1. Ein Bereich der Forschung.
2. Etwas bleibt sauber, obwohl man es nicht putzt.
3. Ein sehr glattes Material. Man macht Kerzen daraus.
4. Ein Mensch, der Häuser, Brücken usw. zeichnet und plant.

e Natur als Vorbild – Findet im Internet andere Beispiele für Bionik und stellt sie in der Klasse vor.

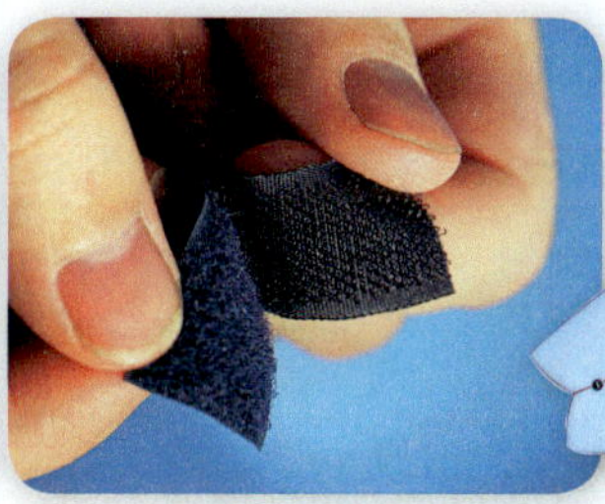

14 Schönheit

Lernziele

- ★ Personen beschreiben
- ★ Meinungen begründen und verteidigen
- ★ Beim Kleidungskauf beraten

1 Schönheitsideale

a Seht die Bilder an und sammelt Assoziationen zu „Schönheit". Macht eine Mind-Map zum Thema „Schönheit".

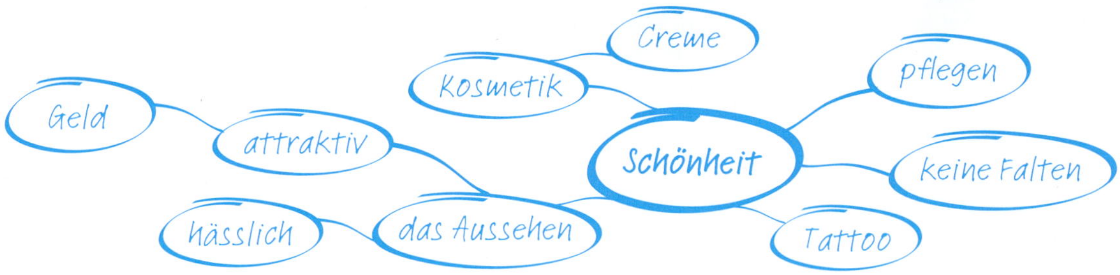

CD 10–12 **b Du hörst drei Aussagen über Schönheit. Was ist richtig: a, b oder c?**

1. Sebastian achtet besonders …
   a) auf das Aussehen.
   b) auf den Charakter.
   c) auf die Falten.

2. Er meint, dass schöne Menschen …
   a) oft Falten haben.
   b) gern lächeln.
   c) verliebt sind.

3. Schönheit heißt für Annemarie …
   a) viel Geld.
   b) neue Kleider.
   c) gepflegtes Aussehen.

4. Sie meint, dass schöne Menschen …
   a) selbstbewusster sind.
   b) sich neue Kleidung kaufen.
   c) jung sind.

5. Heiko mag Frauen, die …
   a) groß sind.
   b) keinen Sport machen.
   c) eine gute Figur haben.

c Sprecht über die Fotos. Findet ihr die Personen schön? Warum? Warum nicht?

Mir gefällt das Foto Nr. ..., weil ich Natürlichkeit mag: kein Make-up, keine ...

Meiner Meinung nach ist ..., weil sie ein unglaublich nettes Lächeln hat.

Ich mag ... Haare. Deswegen gefällt mir ... sehr gut.

Die Frau auf dem Foto Nr. ... finde ich ..., weil ich Tattoos ... Sie sind ...

2 Wiederholung: Adjektivdeklination

a Schreib den Text mit den Adjektiven. Es gibt verschiedene Möglichkeiten.

rund • schmal • interessant • billig • blond • süß • rot • schick • neugierig • klein • blau • hübsch • blass • rot • fit • kurz • weiß …

Das … (1) Mädchen ist ungefähr fünf Jahre alt. Ihre … (2) Schuhe sind … (3). Sie hat ein … (4) Gesicht. Auffällig sind ihre … (5), … (6) Haare. Ihre … (7) Augen sieht man nicht. Sie sieht sehr … (8) aus, aber auch ein bisschen … (9). Sie hat eine … (10) Nase und einen … (11) Mund. Sie trägt ein … (12) Kleid. Mit ihrer … (14) Sonnenbrille sieht sie … (15) aus.

b Beschreib ein Bild von Seite 74 mit möglichst vielen Adjektiven.

In seinem/ihrem … Gesicht sehe ich …
Seine/ihre … Augen wirken …
Er/Sie schaut …
Seine/Ihre … Haare sind sehr interessant, denn …
Er/Sie trägt … Schuhe, die zu … Hose … passen.
Die … Ohrringe/Haare stehen ihr …
In den … sieht sie … aus.
… träumt von …

3 Schön sein

a Lies die Zeitungsnotizen. Welche Überschriften passen?

Männer wollen schön sein
Schönheit macht erfolgreich
Erfolg macht schön
Fitness und Schönheit

■ Nun ist es wissenschaftlich bewiesen: Wer gut aussieht, hat es im Beruf leichter. Professor Steinbeck von der Universität Innsbruck beschäftigt sich seit Jahren mit dem Zusammenhang zwischen Schönheit und Erfolg. So hat er herausgefunden, dass schöne Menschen mehr verdienen. „Gutes Aussehen wirkt auf das Gehalt etwa so stark wie eineinhalb Jahre Berufserfahrung mehr", sagt er. Interessant ist, dass Männer und Frauen hier fast dieselben Vorteile (oder Nachteile!) haben. Na dann, ab ins Kosmetikstudio statt an den Arbeitsplatz, oder?

■ Die lila lackierten Fingernägel des britischen Fußballstars David Beckham beseitigten letzte Zweifel: In Sachen Schönheit sind die Frauen nicht mehr allein. Schönheitsoperationen, Wellness-Urlaube und Besuche bei der Kosmetikerin sind längst keine Frauen-Domäne mehr. Auch die Männer wollen heute gepflegt aussehen. Sie färben ihre Haare oder zupfen ihre Augenbrauen. Sie entspannen sich. Ihr Ziel ist aber nicht dasselbe wie bei Frauen: Den Männern ist nicht nur ihr Aussehen wichtig. Sie wollen sich vor allem verwöhnen lassen und Energie tanken.

b Schreibt zu zweit je eine Frage zu jedem Text. Fragt und antwortet in der Klasse.

c Was denkst du über die Schönheit und die Schönheitspflege?

Das ist auf jeden Fall richtig, dass die Schönheit in der Berufskarriere eine Rolle spielt.

Es überrascht mich nicht, dass Männer auch an ihr Aussehen denken. Denn …

4 *Derselbe, dasselbe, dieselbe …*

a Suche *derselbe, dasselbe, dieselbe* … im Text auf Seite 75 und ergänze das „Denk nach“.

Denk nach

		m	n	f	Plural
derselbe/dasselbe/dieselbe/dieselben	N	derselbe	dasselbe	dieselbe	dieselben
Die Männer haben nicht … Ziel wie Frauen.	A	denselben	dasselbe	dieselbe	dieselben
Männer und Frauen haben … Vor- und Nachteile.	D	demselben	demselben	derselben	denselben

b Ergänze die Sätze.

1. Das ist … Bluse, die du schon mal anprobiert hast.
2. Ziehst du zur Party … Rock an wie gestern?
3. Immer … Problem, du kannst dich nie entscheiden.
4. Du siehst aus wie dein Vater: … Augen, … Nase, … Mund.
5. Warum läufst du eigenlich immer mit … Hose rum? Das ist doch langweilig.

c Ergänzt die Dialoge. Übt dann zu zweit und variiert die Dialoge. Achtet auf den Kasus.

1. ▶ Ich habe eine neue Sonnenbrille. Du auch?
   ▶ Nein, das ist … wie im letzten Sommer. Mode interessiert mich nicht.
2. ▶ Ich kaufe den blauen Rock.
   ▶ Echt? Ich habe … gestern gekauft.
3. ▶ Ich gehe heute mit meinem roten T-Shirt zur Party.
   ▶ Mit … wie letzte Woche?

Ich kaufe die blaue Jeans. Und du?

Ich kaufe dieselbe, nur in Schwarz.

5 Modeberatung

a Schau die Fotos an. Beschreib die Situationen.

b Wer sagt was? Ordnet die Ausdrücke in die Tabelle ein.

Verkäufer/in	Kunde/-in	Berater/in
Was kann ich für Sie tun?		Probier das mal an.

Wo ist die Anprobe? – Der passt zu deinen Haaren. – Welche Größe tragen Sie? – Das steht dir gut. – Zahlen Sie bar oder mit Kreditkarte? – Passt Ihnen die Jacke? – Tut mir leid. Den Anzug haben wir nur in Grau. – Das ist doch nicht dein Stil! – Haben Sie denselben Pullover auch in Größe 42? – Schauen Sie im 2. Stock. – Nein danke. – Gibt es dieselbe Bluse eine Nummer kleiner? – Willst du vielleicht dasselbe T-Shirt in Rot? – Die sitzt perfekt! – Umtauschen nur mit Kassenbon. – Der Schnitt gefällt mir, aber die Farbe steht dir nicht. – Da vorne rechts.

6 Kleidung kaufen

CD 13

a Lest 1–6 und hört den Dialog. Was ist richtig? Was ist falsch?

1. Heiko und Julia kaufen Kleidung ein.
2. Julia sucht einen neuen Rock.
3. Heiko sind 120 € für eine Hose zu viel Geld.
4. Er trägt Größe 34.
5. Der Schnitt gefällt Heiko, aber er möchte die Hose lieber in Blau.
6. Er kauft die Hose gleich, ohne Anprobe.

b Wie reagiert ihr in diesen Situationen? Schreibt Dialoge und übt zu zweit.

1. Du hast einen Pullover in Größe L anprobiert. Er ist dir zu groß.
2. Du hast eine Brille gekauft, aber du willst sie wieder umtauschen.
3. Du möchtest Sportschuhe kaufen, aber du weißt nicht, wo.
4. Du findest eine schwarze Jacke toll, aber zu teuer.
5. Du möchtest bezahlen. Aber du findest die Kasse nicht.
6. Das Hemd in Weiß findest du schön, aber das in Gelb gefällt dir auch. Du brauchst Hilfe.
7. Du hast einen neuen Rock gekauft, den dein Freund furchtbar findet.
8. Du hast 100 € zum Geburtstag bekommen und gehst mit deinem Freund einkaufen.

Entschuldigung, der Pullover ist mir zu groß. Haben Sie denselben in Größe M?

Ja, aber nur in Grau. Wollen Sie den mal anprobieren?

Der gefällt mir und er sitzt perfekt!

7 Thema „Schönheitswettbewerbe"

Lest das Thema und sammelt zunächst in der Klasse Ausdrücke und Wörter für einen Aufsatz. Schreibt dann einen Text mit ungefähr 100 Wörtern.

In vielen Ländern gibt es Schönheitswettbewerbe und „Topmodel"-Wettbewerbe im Fernsehen. Millionen junge Menschen machen mit. Sie geben viel Geld aus und manche lassen sich sogar dafür operieren. Warum machen Jugendliche bei diesen Wettbewerben mit? Was ist daran positiv und was negativ? Was ist deine Meinung?

15 Reisen

1

2

A

Ein besonderes Erlebnis

ALANYA IN DER TÜRKEI

3-Sterne-Hotel, all inclusive – 7 Tage, nur **715 €**
beliebtes Hotel mit vielen Stammgästen
jeden Tag Linienflüge*.

Sonne satt!

Das Hotel liegt sehr zentral. Innerhalb der näheren Umgebung finden Sie zahlreiche Shopping Center und Unterhaltungsmöglichkeiten. Der Strand ist nur 10 Minuten entfernt.

*Entfernung vom Flughafen: ungefähr zwei Stunden.

B

DREI TAGE GRAZ – KULTUR PUR

Graz ist einzigartig – eine Stadt mit Stil und Kultur. Die Grazer Altstadt ist UNESCO-Weltkulturerbe. Tauchen Sie in alte Zeiten ein und genießen Sie zugleich den Komfort einer modernen Stadt. Erkunden Sie die Landschaften der **Steiermark** außerhalb der Stadt. **Übernachtung** im 4-Sterne-Hotel, nur wenige Gehminuten von der historischen Altstadt entfernt.

Buchen Sie online unter **www.3tagegraz.at**

nur **99 €***
*ohne Anreise

3

4

C

Zermatt mit Matterhorn

Action ab 25 € pro Nacht

Die gibt's in Zermatt im Sportgästehaus Auerberg. Wilde Bergwanderungen, Klettertouren oder mit dem Mountainbike den Berg hinunterfahren: Für jeden ist etwas dabei. Unser Team hat ein buntes Programm mit kreativen Basteleien und lustigen Spielen für Kinder, Jugendliche und Erwachsene zusammengestellt. Ob Fitnessraum, Pool oder Internet – alles könnt ihr kostenlos benutzen. Günstige Unterkunft in Mehrbettzimmern mit Vollverpflegung.

D

Die Sonneninsel Rügen lädt ein

Die Insel Rügen erwartet euch mit ihren schönen Stränden und abwechslungsreichen Landschaften.

Der Rügen-Club mit eigenem Strand und seiner ausgezeichneten Küche ist das ideale Reiseziel zu jeder Jahreszeit.

Für alle, die morgens gerne länger schlafen, bieten wir ein Langschläferfrühstück bis 12 Uhr. Im Sommer ist Strandspaß ohne Grenzen garantiert! Während des Aufenthaltes könnt ihr unsere Tennisplätze kostenlos benutzen.

Für Surfer und Segler haben wir Pauschalangebote. Eine Woche Übernachtung mit Vollpension schon ab 300 €.

Lernziele

- ★ Über Reisepläne sprechen
- ★ Reiseangebote auswählen und die Auswahl begründen
- ★ Einen Beitrag in einem Internetforum schreiben

1 Reiseangebote

a **Schau dir die Fotos an. Wohin würdest du gern fahren? Wann? Warum?**

b **Lies die Anzeigen und ordne die Fotos zu.**

c Lies die Anzeigen noch einmal. Was ist richtig: a, b oder c?

1. Die Graz-Reise ist …
a) für Sportler.
b) für kulturell Interessierte.
c) sehr teuer.

2. Das Hotel in Alanya …
a) ist in der Nähe vom Flughafen.
b) hat einen eigenen Strand.
c) ist von Deutschland aus täglich erreichbar.

3. Auf Rügen …
a) fährt man nur im Sommer.
b) gibt es viele Freizeitangebote.
c) kostet ein Zimmer 300 €.

4. Das Sportgästehaus in Zermatt ist …
a) nur für Wanderer.
b) ein Luxushotel.
c) eine Unterkunft für die ganze Familie.

2 Präpositionen mit Genitiv: *außerhalb, innerhalb, während*

a Lies die Texte auf Seite 78 noch einmal und ergänze das „Denk nach".

Denk nach

die Stadt	Erkunden Sie die Landschaften **außerhalb der** Stadt.
der Aufenthalt	**…** Aufenthaltes könnt ihr unsere Tennisplätze kostenlos benutzen.
die Umgebung	**…** näheren Umgebung finden Sie zahlreiche Shopping Center.

b Ergänze die Sätze mit den Präpositionen und den Artikeln. Es gibt mehrere Möglichkeiten.

1. Bist du schon … Europäischen Union gereist?
2. Können wir unsere Reise … Essens besprechen?
3. … Ferien fahren wir jeden Tag Rad.
4. Wir suchen eine Jugendherberge, aber nicht direkt in Frankfurt, sondern etwas … Stadt.

3 Reisepläne

CD 14–17

a Du hörst vier Aussagen. Mach Notizen zu den Stichworten.

1

Isabell Kunze
Urlaubsregionen
Übernachtung
Aktivitäten

2

Steffen Balmer
Reiseart
Aktivitäten
Essen

3

Margarete Schulz
Traumreise
Verkehrsmittel
Preis

4

Lars Trier
Zeit für Urlaub
Reiseziel
Programm

b Suche für jede Person ein Angebot auf der Seite 78.

Das Angebot … passt meiner Meinung nach zu …, weil …

Steffen würde ich … empfehlen, denn er hat gesagt, dass …

c Hör noch einmal. Mit wem von den vier Personen würdest am liebsten reisen? Warum?

Vielleicht könnte ich …

Ich würde gern …

Mir gefällt die Idee von …, weil …

Am besten passt zu mir …

4 Reisetagebuch

a Lies den Text. Was ist das Problem?

Es ist nachts kalt, weil ...

Hannah kann nicht schlafen, weil ...

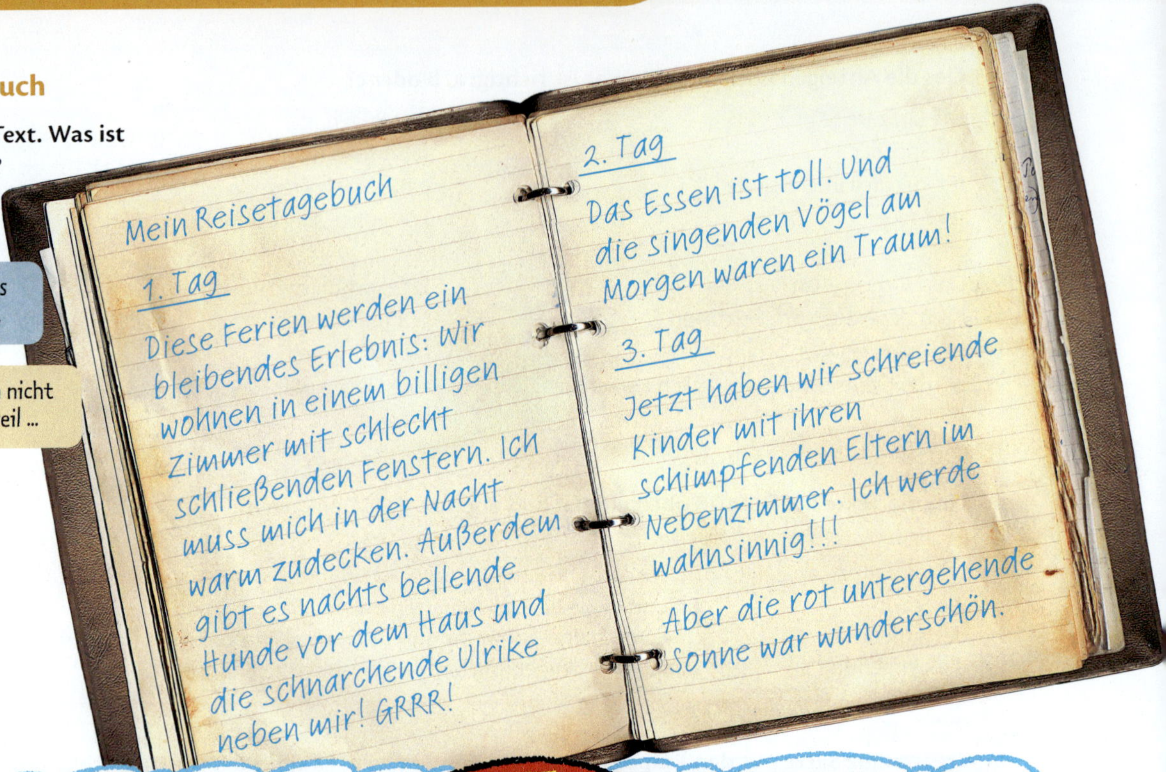
Mein Reisetagebuch

1. Tag

Diese Ferien werden ein bleibendes Erlebnis: Wir wohnen in einem billigen Zimmer mit schlecht schließenden Fenstern. Ich muss mich in der Nacht warm zudecken. Außerdem gibt es nachts bellende Hunde vor dem Haus und die schnarchende Ulrike neben mir! GRRR!

2. Tag

Das Essen ist toll. Und die singenden Vögel am Morgen waren ein Traum!

3. Tag

Jetzt haben wir schreiende Kinder mit ihren schimpfenden Eltern im Nebenzimmer. Ich werde wahnsinnig!!!

Aber die rot untergehende Sonne war wunderschön.

b Partizip I als Attribut – Erkläre die Formulierungen aus dem Text wie im Beispiel.

1. Ein bleibendes Erlebnis ist ein Erlebnis, das bleibt.

1. Ein bleibendes Erlebnis ist …
2. Bellende Hunde sind Hunde, …
3. Die schnarchende Ulrike ist Ulrike, die …
4. Singende Vögel sind Vögel, die …
5. Schreiende Kinder …
6. Ein Zimmer mit schlecht schließenden Fenstern ist ein Zimmer, in dem …

c Lies die Sätze noch einmal und ergänze das „Denk nach".

Denk nach

Partizip I

singen + **d** + Endung	Ich habe den singen**den** Vögeln gern zugehört.
bleiben + **d** + Endung	Diese Ferien sind ein bleiben**...** Erlebnis.

d Schreib die Erklärungen mit dem Partizip I.

1. Jugendliche, die feiern, sind …
2. Ein Schüler, der schläft, ist ein …
3. Eine Schülerin, die träumt, ist eine …
4. Musiker, die schlecht spielen, sind …

e Hattest du schon einmal ein ähnliches Erlebnis im Urlaub? Schreib einen kurzen Tagebucheintrag wie Hannah.

5

Internetforum: Deutschlandreise

a Lies die Forumtexte.

http://www.forums.de/freizeit/reise/europe/deutschland/

Deutschlandreise — **Andreas** am 15.01. | 10:15 Uhr | offline

Hallo zusammen,
in letzter Zeit reise ich viel durch Deutschland! Ich bin ein Fan der Bahn und buche auch online. Die Bahn ist bequem, aber manchmal sehr teuer. Mitfahrgelegenheiten sind auch gut und billig, aber nicht immer stressfrei! Informationen zu den verschiedenen Verkehrsmitteln gibt es beiwww.verkehrsmittelvergleich.de, auch mit Umweltaspekt. Auch über die "meinestadt"-Seiten gibt es oft Angebote. Wie reist ihr am liebsten?

Re: Deutschlandreise — **Antje** am 18.01. | 17:29 Uhr | offline

Hallo, Andreas, ich reise auch gern und viel und benutze dafür meinen Jugendherbergsausweis. Der kostet nur 12,50 Euro im Jahr, und wenn du häufiger reist, hast du das schnell wieder raus. Manchmal gehe ich in den großen Städten auch in Hostels, weil die oft näher am Stadtzentrum liegen. Sie sind aber teurer als die Jugendherbergen.

Re: Deutschlandreise — **Andreas** am 27.01. | 16:38 Uhr | offline

Guter Tipp, da mach ich mich mal schlau! Danke jedenfalls

Re: Deutschlandreise — **Melanie** am 03.02. | 13:46 Uhr | offline

Hallo, Andreas, ich reise am liebsten mit dem Rad durch Deutschland – mit Zelt und Schlafsack im Gepäck geht es los. Das ist billig, umweltfreundlich und die beste Möglichkeit, die Gegend intensiv kennenzulernen. Mit den Leuten kommt man so auch schneller und einfacher in Kontakt. Das kann ich nur empfehlen!
Viele Grüße, Melanie :-~)

Re: Deutschlandreise — **Sander** am 01.03. | 20:45 Uhr | offline

Also, ich fahre am liebsten mit dem Bus. Da bin ich unabhängiger und im Bus kommt man oft mit den Leuten ins Gespräch und bekommt dann Insider-Tipps. Die Bahn ist mir zu teuer. Was ich aber auch schon gemacht habe, ist wandern. Es gibt in Deutschland ganz tolle Gegenden dafür und die Wanderwege sind absolute Spitzenklasse.

b Beantworte die Fragen.

Wer ...
fährt gern mit dem Zug durch Deutschland?
ist für umweltfreundliches Reisen?
möchte mit den Leuten in Kontakt kommen?
fährt gerne mit dem Bus?
geht gerne zu Fuß?

Warum...
hat eine Person einen Jugendherbergsausweis?
fährt eine Person gern Fahrrad?
fährt eine Person gern mit dem Bus?
übernachtet eine Person manchmal in Hostels?

c Wie würdest du gern durch Deutschland, Österreich oder die Schweiz reisen? Sammle Stichworte und schreib einen Beitrag für das Forum.

Projekt

Reiseprospekt für eure Region

Entscheidet, wer eure Zielgruppe ist (Jugendliche • Senioren • Abenteuertouristen • Pauschalurlauber • ...) und was unbedingt in dem Flyer stehen muss (Sehenswürdigkeiten • Aktivitäten • Unterkunft • Shopping-Tipps • ...).
Präsentiert eure Ergebnisse in der Klasse.

Training 5

1 Sprechtraining: vorschlagen und reagieren

CD 18

a Hör zu. Warum sind diese Fragen und Antworten in einer Prüfung ungünstig?

Wohin fahren wir?	Nach Berlin.
Wie viel Geld kostet die Fahrt?	150 Euro.
Brauchen wir Regenkleidung?	Nein.
Sollen wir Ulrike fragen?	Ja.

CD 19

b Hör zu und formuliere die Fragen und Antworten aus a offener.

Was meinst du, wohin sollen wir fahren?

Ich würde gerne nach Berlin fahren, was hältst du davon?

Vorschläge	**Reaktionen**
Was hältst du davon, wenn …?	Das ist eine gute Idee.
Was meinst du, …?	Ich finde das einen guten Vorschlag.
Wir könnten doch auch noch …	Ich weiß nicht, vielleicht sollten wir …
Ich schlage vor, dass …	Das finde ich nicht so gut, ich habe eine andere Idee.

2 Sprechen: gemeinsam eine Aufgabe lösen

Euer Team hat den österreichischen Jugend-Umwelt-Gesundheits-Preis gewonnen.
Ihr habt eine Einladung zu einem Wochenende im Nationalpark Hohe Tauern bekommen. Du willst mit deinem Partner / deiner Partnerin hinfahren. Plant zusammen die Reise. Überlegt euch, was alles zu tun ist und wer welche Aufgaben übernimmt. Diskutiert darüber.

Reise
- Wie?/Wann?
- Kosten?
- mitnehmen?

Aufenthalt
- Unterkunft?
- Essen?
- Sehenswürdigkeiten?
- Aktivitäten?

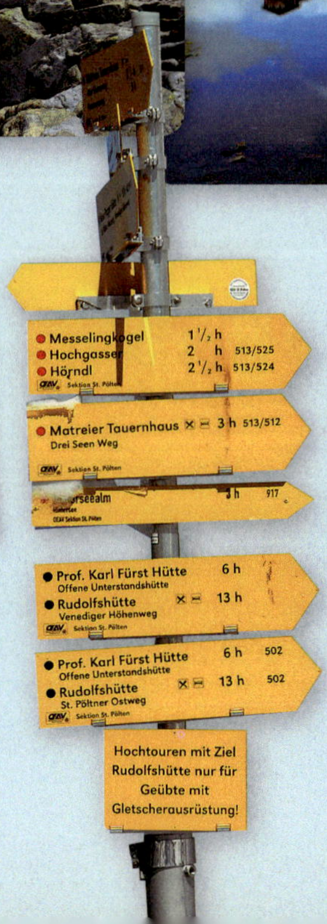

3 Hören – Ansagen aus dem Radio

CD 20–24

Du hörst jetzt fünf Ansagen aus dem Radio. Zu jedem Text gibt es eine Aufgabe. Notiere die richtige Antwort.

1. Was wird in Troisdorf gebaut?
   - [a] Eine Solaranlage.
   - [b] Eine moderne Fabrik.
   - [c] 1000 Häuser.

2. Die Polizisten bekommen Tipps …
   - [a] zu ihrem Aussehen.
   - [b] zu ihren Aufgaben als Polizeichefs.
   - [c] zu der Arbeit mit Touristen.

3. Air-Düsseldorf …
   - [a] will mehr Geld für Flugtickets.
   - [b] muss sparen.
   - [c] hat mehr Fluggäste.

4. Die Polizei sucht …
   - [a] einen 11 Jahre alten Jungen.
   - [b] einen 27 Jahre alten Mann.
   - [c] verschiedene Kleidungsstücke.

5. Wie wird das Wetter im Norden?
   - [a] Die Sonne scheint.
   - [b] Es kann regnen.
   - [c] Es wird heiß.

4 SCHWERPUNKT: Lesen – Zeitschriftenartikel

TIPP

TIPPS zum Lesen
1. Lies immer zuerst die Überschriften von Zeitungsartikeln. Sie nennen oft das Thema des Artikels.
2. Suche im Zeitungsartikel die Informationen, die du für die Aufgabe brauchst.
   Du musst dazu nicht jedes Wort verstehen.

a Lies die Überschriften und ordne sie A–F zu. Es gibt mehrere Möglichkeiten.

A Politik • B Wirtschaft • C Sport • D Stadt und Land • E Kultur • F Aus aller Welt

1 **Unfall auf der A4: Fahrer schwer verletzt**
2 **Mit dem Jazz-Express durch Hamburg**
3 **Bundesliga: Die Bayern in der Krise**
4 **Städtische Klinik: Defizit 5 Millionen Euro**
5 **Bundestag diskutiert über Tierschutzgesetz**
6 **Kaufhaus-Konzern bankrott. 2000 Arbeitsplätze weg**
7 **Unglück in Thailand: 52 Tote durch Gasexplosion**
8 **Formel 1: Mercedes Silberpfeile mit neuen Motoren**
9 **Hurrikan Gunther tobt über Florida**
10 **Ist Windenergie wirtschaftlich?**
11 **„Fettes Brot“ rockt bei Echo- -Preisverleihung**
12 **Ski alpin: Sensationssieg von Maria Riesch**
13 **In Hamburg entstehen 40 neue Supermärkte**
14 **Venezuela: Volksabstimmung über Verstaatlichung**
15 **Bundespräsident fordert mehr Mut zu Reformen**

b **Lies die Überschrift. Diskutiert: Worum kann es in diesem Text gehen?**

Die Schönheit im Alter – Falten stören nicht

von Annika Dudeck

Meiner Meinung nach handelt der Text von ...

Das Thema ist ...

Ich vermute, es geht hier um ...

Ich glaube, der Text ist über ...

Vielleicht handelt sich hier um ...

Vermutlich geht es um ...

c **Lies die Texte A und B und löse die Aufgaben auf der nächsten Seite.**

Text A

Eine Kosmetikmarke wirbt für ihre Produkte mit 60-Jährigen

Schönheit boomt. Jeden Tag zeigt die Werbung, was schön ist. Auf Plakaten oder in Werbespots sieht man eine Welt ohne Makel. Aber es gibt Ausnahmen: In Zeitschriften und im Fernsehen kann man seit kurzem eine besondere Kampagne sehen: Frauen im Alter zwischen 54 und 63 Jahren, schön fotografiert. Mit den Seniorinnen will der Konzern auf seine Marke aufmerksam machen.

Schon früher hatte die Firma runde Frauen präsentiert – das war ein großer Unterschied zur Konkurrenz, die auf Topmodels setzt. „Unsere Studien haben gezeigt, dass die Kundinnen sich mehr realistische Frauen in der Werbung wünschen", sagt dazu die Geschäftsführerin der Firma.

Solarenergie
Kampf gegen die hohen Energiepreise

Wegen der hohen Kosten für Öl, Gas und Strom interessieren sich immer mehr Hausbesitzer für Sonnenenergie. Die Sonne strahlt jährlich eine Energiemenge von 1.000 Kilowatt auf jeden Quadratmeter Erde in Deutschland. Das entspricht circa 100 Litern Heizöl oder 100 Kubikmetern Erdgas. Eine Energie, die jeder nutzen kann, und die nicht – wie Öl, Kohle oder Gas – die Umwelt mit CO_2-Abgasen verschmutzt.

Wichtig bei der Entscheidung für Solarenergie ist jedoch auch der Preis und da kann die Solarenergie mit anderen Energieformen noch nicht mithalten, obwohl die Kosten für Solarstromerzeugung seit 1990 um 70 Prozent gesunken sind. Ziel ist, dass die alternativen Energien bis zum Jahr 2020 über 30 % des gesamten deutschen Energiebedarfs liefern.

Text B

1. Viele Kosmetikfirmen arbeiten jetzt mit älteren Frauen als Models. Richtig oder falsch?
2. Die Kundinnen der Firma ...
   - [a] sind alle Rentnerinnen.
   - [b] mögen keine Werbung.
   - [c] wollen in der Werbung Frauen wie sie selbst sehen.
3. Mehr Menschen nutzen Solarenergie, weil Öl und Gas immer teurer werden. Richtig oder falsch?
4. Solarstrom ...
   - [a] ist heute viel billiger als 1990.
   - [b] wird 2020 billiger werden.
   - [c] kostet fast nichts.

5 Schreiben

Du hast einen Freund in Holland, der dir folgenden Brief geschrieben hat:

Liebe(r) ...,

vielen Dank für deine Karte. Ich bin ja ganz überrascht, dass du in Österreich warst. Wie bist du dahin gefahren und wie lange hast du in der Jugendherberge in den Alpen gearbeitet?

Sicher sprichst du jetzt perfekt Deutsch.

Ich hoffe, du bist wieder gut zu Hause angekommen. Hat deine Schule schon wieder angefangen? Ich habe noch keine Ferien, aber am Wochenende fahre ich zu meiner Oma. In zwei Wochen ist meine B1-Prüfung. Ich muss die Prüfung unbedingt gut bestehen, weil ich in Deutschland studieren will. Du hast die Prüfung doch auch gemacht. Hast du ein paar Tipps für mich?

Liebe Grüße

dein Daan

Schreib deinem Freund einen Brief, der die folgenden Punkte enthält:

– Ob du schon wieder zur Schule gehen musst.
– Wie du dich auf die Deutschprüfung vorbereitet hast.
– Wie dein Aufenthalt in Österreich war.
– Wie lange und was du dort gearbeitet hast.

**Überleg dir die passende Reihenfolge der Punkte, eine Einleitung und einen Schluss.
Vergiss das Datum und die Anrede nicht.**

6 Für mein Portfolio

Meine schönste Reise – wohin, wann, mit wem, was? Schreib einen Reisebericht.

16 Spaß haben

☐ Ein Triathlon besteht aus Schwimmen, Fahrradfahren und Laufen. Für Jugendliche ab 17 heißt das: 750 m schwimmen, meistens durch einen See, dann sofort auf das Rad und 20 km Rad fahren und zum Abschluss noch 5 km laufen.

☐ Beim Free Climbing klettert man an schwierigen Felsen und Bergen. Man darf keine Hilfsmittel benutzen, nur ein Sicherungsseil ist erlaubt.

☐ Mit dem Kanu einen wilden Fluss hinunterfahren ist schwierig und gefährlich. Man muss gut trainieren und eine gute Ausrüstung haben.

☐ Beim Bungee-Springen springt man von einem Turm, einer Brücke oder einem Kran in die Tiefe. Dabei hat man nur ein Gummiseil an den Füßen und schwingt durch die Elastizität des Seils mehrfach in die Höhe.

Lernziele
- ★ Über Extremsport sprechen
- ★ Jemanden überzeugen
- ★ Einen Brief schreiben
- ★ Eine Grafik verstehen

1 Extremsport

a Lies die Texte und ordne die Bilder zu.

b Was bedeutet „extrem"? Was kann extrem sein? Gib Beispiele.

c Was ist wichtig bei diesen Sportarten?

Mut haben • verrückt sein • Konzentration haben • Kraft haben • gut trainiert sein • gut im Team arbeiten • mit der Angst fertigwerden • Kondition haben • nicht aufgeben …

Beim Triathlon darf man nicht …

Beim Bungeespringen muss man mit der Angst fertig werden.

d Warum nennt man diese Sportarten „Extremsportarten"? Welche anderen kennst du? Beschreib sie.

2 Interview

CD 25

a Lies die Interviewfragen, hör zu und mach Notizen. Die Stichworte helfen.

1. Wie sind Sie zu dieser Sportart gekommen?
2. Was finden Sie an dieser Sportart interessant?
3. Wie häufig machen Sie das?
4. Finden Sie Ihren Sport gefährlich?
   Haben Sie sich schon einmal verletzt?

Spaß • Langeweile • Grenzerlebnis • Kick • mit eigenen Ängsten fertig werden • Glücksgefühl • Gefühl von Freiheit …

b Arbeitet zu zweit. Jede/r sucht sich einen Extremsportler von Seite 86 aus. Sammelt zu zweit Fragen und fragt euch gegenseitig.

Welche Sportart machst du?

River Rafting.

Wie hast du das angefangen?

Ich war vor drei Jahren …

c Stellt eure beiden „Extremsportler" in der Klasse vor.

Hannah macht Wildwasserfahren. Früher fand sie das verrückt, aber dann ist sie einmal mit Ihrem Freund zusammen nach Österreich gefahren und …

Lars hat sich am Wochenende immer gelangweilt. Dann hat er im Fernsehen einmal Bungeespringen gesehen. Das war interessant. So hat er damit angefangen. Jetzt …

3 Deine Meinung

Würdest du einen Extremsport treiben? Warum? Warum nicht?

Ich würde …

Wenn ich … müsste, dann …

Ich könnte gar nicht …, auch wenn ich …

4 Jemanden überzeugen

CD 26

a Hört den Dialoganfang. Was möchte das Mädchen machen und was meint der Junge dazu?

b Schreibt den Dialog zu Ende. Spielt ihn in der Klasse vor.

Du solltest lieber …

Du könntest ja auch …

Dann müsstest du nicht …

5 Sonntag – ein Song von der Gruppe „Fettes Brot"

CD 27–28

**a Hör die erste Strophe vom Lied.
Wie findet „Fettes Brot" den Sonntag?**

es ist sonntag ein tag (1)
weil ich mich sonntags viel zu viele (2)
sonntags ist es (3)
und ich weiß nicht (4)
und dann kommen diese fragen nach (5)
war alles falsch oder richtig oder (6)
bin ich wirklich das was ich meine zu sein
oder besteht meine welt nur (7)
oh nein keine frage soll mir heut den tag versaun
denk ich mir und geh (8) abhauen
auch dort ist keine antwort auf die fragen in sicht –
tja könig boris vielleicht gibt es die nicht

**b Hör die erste Strophe noch einmal und ordne a–h zu.
Hör danach das ganze Lied.**

a) in meine träume
b) hat es keinen sinn
c) ruhig und still
d) aus trug und schein
e) dem woher wohin
f) dumme fragen frag
g) wie und was ich machen will
h) den ich gar nicht mag

1 + h

c Wie findet ihr den Sonntag? Was macht ihr normalerweise?

6 Einen Brief schreiben

Ein Freund aus Deutschland schreibt dir über seinen typischen Sonntag.

Von: bennobud@man.de
An: m.gortchow@yadu.com

Liebe/r ...,
heute ist Sonntag, das ist gut, denn dann habe ich endlich mal Zeit, dir zu schreiben. In der Woche muss ich immer so viel für die Schule arbeiten, am Samstag spiele ich Fußball und abends gehe ich oft aus. Am Sonntag schlafe ich lange, manchmal treffe ich auch Freunde, aber oft bleibe ich einfach zu Hause. Das ist total gemütlich, dann kann ich mich von dem Stress in der Woche erholen. Am letzen Sonntag war es anders. Da hatten wir Besuch von meinem Onkel, meiner Tante und meinen beiden Cousins. Wir sind zusammen in die Stadt bummeln gegangen, das war auch schön.
Wie ist es bei dir? Was machst du am Sonntag? Ist das auch ein besonderer Tag für dich?
Schreib mir bald.
Liebe Grüße
Benno

Beantworte Bennos E-Mail. Schreib etwas zu allen folgenden Punkten.

Was machst du normalerweise am Sonntag?
Wie gefällt dir der Sonntag, warum?
Was hast du am letzten Sonntag gemacht?
Was möchtest du über Bennos Leben wissen?

7 Jugendliche in Deutschland – Weißt du, ob ...?

a Lies die Sätze und ergänze das „Denk nach".

Weißt du, ob Jugendliche in Deutschland viel mit der Familie machen?

Ich möchte wissen, ob die Mädchen in Deutschland viel zusammen machen.

Denk nach

Entscheidungsfrage	**indirekte Frage mit *ob***
Treiben Jugendliche in Deutschland viel Sport?	Weißt du, **ob** Jugendliche in Deutschland viel Sport **treiben**?
Chatten Jungen oder Mädchen mehr im Internet?	Ich möchte gerne wissen, **...**

b Was möchtest du über Freizeitaktivitäten von deutschen Jugendlichen wissen? Schreib indirekte Fragen.

viel mit der Familie zusammen unternehmen • oft ausgehen • häufig Computerspiele spielen • viele Bücher lesen • Musik machen • sich für die Umwelt einsetzen • sich für Politik einsetzen • oft DVDs sehen • viel fernsehen ...

Ich möchte wissen, ob deutsche Jugendliche viel ...
Mich würde interessieren, ob ...

8 Freizeitaktivitäten – eine Grafik

a Lies die Grafik und beantworte die Fragen.

Wer hat an der Umfrage teilgenommen?
Was waren die Fragen?
Wer hat die Umfrage gemacht?

b Beantworte die Fragen aus 7b.

Jungen treiben pro Tag ... Minuten Sport.
Die meiste Zeit verbringen Jungen/Mädchen mit ...
Am wenigsten Zeit haben sie für ...
Mädchen ... mehr als Jungen.
Jungen ... mehr als Mädchen.

c Zweifel äußern – Sprecht über die Grafik.

Ich weiß nicht, ob das stimmt.
Ich möchte wissen, ob Jugendliche wirklich so viel/wenig ...
Ich kann mir nicht vorstellen, dass ...

d Wie ist das in eurer Klasse?
Macht eine Umfrage und vergleicht.

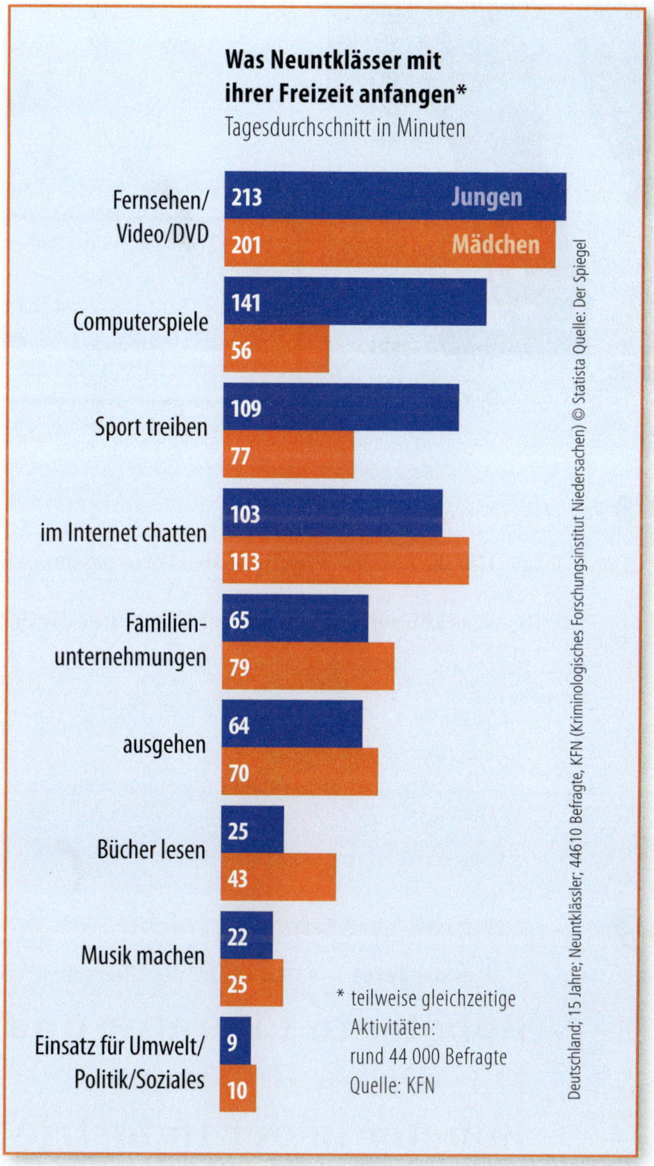

17 Technik

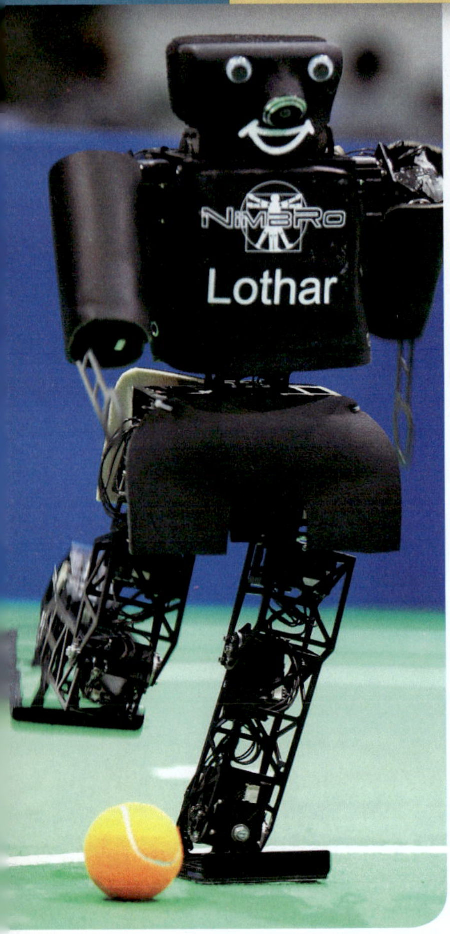

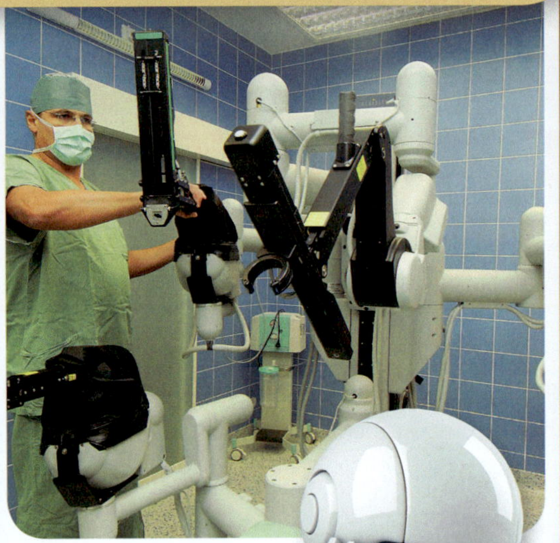

Lernziele

- ★ Fähigkeiten von Robotern beschreiben
- ★ Einen Text über die Geschichte der Roboter verstehen
- ★ Eine Diskussion führen
- ★ Einen Leserbrief schreiben

1 Roboter

CD 29

a **Hör die Roboter. Welche beiden Fotos passen zu einer Tonaufnahme? Was machen die anderen beiden Roboter vielleicht?**

b **Was können Roboter heute? Betrachtet die Fotos und sammelt in der Klasse.**

Es gibt Roboter, die …
Ich glaube, …
Ich habe mal gehört, dass Roboter … können.
Ich habe gelesen, dass man Roboter benutzt, um … zu …

Fußball spielen • Autos produzieren • Menschen operieren • Rasen mähen • Minen suchen • Menschen bedienen • Essen bringen • helfen
im Haushalt … • in der Industrie • im Krankenhaus • in Kriegsgebieten …

2 Roboter – eine Erfolgsgeschichte

a **Lies die Texte 1–4 und ordne die Überschriften zu.**

Roboter in Literatur und Film
Die ersten Roboter
Roboter in der Industrie
Das Wort „Roboter"

1 Die ersten „Roboter“ wurden bereits im 18. Jahrhundert konstruiert. Berühmte Mechaniker dieser Zeit erfanden Automaten, die tanzen, sprechen oder Schach spielen konnten. In Deutschland berühmt war Baron von Kempelen. Er erfand einen Schachautomaten und zeigte ihn in vielen Vorführungen in der Öffentlichkeit. Der Automat spielte gegen Menschen Schach. Vor der Vorführung öffnete Baron von Kempelen die Maschine, um zu zeigen, dass sie leer war. Tatsächlich aber versteckte sich ein Mensch darin. Dieser Schachautomat war eine geschickte Täuschung.

2 Viele Schriftsteller waren von der Idee eines künstlichen Menschen fasziniert. So z.B. E.T.A. Hoffmann oder Isaac Asimov. Auch in vielen Filmen spielen Roboter eine wichtige Rolle. Der erste Roboter trat 1927 im Film „Metropolis“ von Fritz Lang auf. Seitdem spielten Roboter in vielen Filmen mit, von „Alarm im Weltall“ über „Star Wars“ und „Terminator“ bis zu „I, robot“.

3 Das Wort „Roboter“ wurde zum ersten Mal 1921 in einem Theaterstück des tschechischen Autors Čapek ("R.U.R.", Rossum's Universal Robots) verwendet. Es kommt vom tschechischen Wort „robota“, das so viel wie „Arbeit“ (Fronarbeit) bedeutet. Berühmt wurde der Begriff durch den russischen Science-Fiction-Autor Isaac Assimov.

4 1962 wurde der erste Industrie-Roboter in der Autoproduktion in den USA eingesetzt. Seit den 70er Jahren werden immer mehr Roboter verwendet. 2004 waren etwa zwei Millionen Automaten im Einsatz. Allein im Jahr 2008 wurden sieben Millionen neue Anlagen installiert. Heute werden Roboter in vielen Industriezweigen eingesetzt. In den kommenden Jahren wird ein Wachstum von fünf bis zehn Prozent erwartet. Die Europäische Union fördert Forschungsarbeiten, die es möglich machen sollen, dass Roboter auch für einfache Arbeiten in Krankenhäusern eingesetzt werden, z.B. bei Krankenbettentransporten, Essensausgabe, Reinigungsarbeiten.

b Lies die Texte noch einmal.
Sind die 1–6 Sätze richtig oder falsch?

1. Im 18. Jahrhundert gab es die ersten Roboter, die man in der Industrie einsetzen konnte.
2. Baron von Kempelen hat bei seinen Vorführungen alleine gearbeitet.
3. Bevor es echte Roboter gab, konnte man Roboter im Film sehen.
4. Das Wort „Roboter“ kommt aus der tschechischen Sprache.
5. Die Zahl der Industrieroboter hat sich von 2004 bis 2008 verdoppelt.
6. Die Roboterindustrie ist in der Europäischen Union wichtig.

3 Das Passiv

a Suche in den Texten in Aufgabe 2 Sätze, die zu 1–7 passen. Mach eine Tabelle wie im „Denk nach“.

1. Im 18. und 19. Jahrhundert konstruierte man die ersten „Roboter“.
2. Man verwendete das Wort „Roboter“ zum ersten Mal in einem tschechischen Theaterstück.
3. 1962 setzte man den ersten Computer in der Autoindustrie ein.
4. Seit den 70er Jahren setzte man Roboter in vielen Fabriken ein.
5. Man installierte sieben Millionen zusätzliche Anlagen.
6. In den kommenden Jahren erwartet man ein Wachstum von 5 bis 10 Prozent.
7. … dass man Roboter für einfache Arbeiten einsetzt.

Denk nach

Passiv	werden	+	Partizip 2
	Position 2		Ende
Jetzt	**werden**	Roboter …	**eingesetzt.**
Der erste Roboter	**wurde**	im 18./19. Jahrhundert	**konstruiert.**

Präteritum von *werden*	
ich/er/es/sie/man	wurde
du	wurdest
wir/sie/Sie	wurden
ihr	wurdet

b Schreib Sätze im Passiv.

1. erfinden / immer bessere Roboter / .
2. brauchen / für einen Roboter / die neueste Technik / .
3. Roboter / für gefährliche Tätigkeiten / einsetzen / .
4. Briefe / heute meistens / mit dem Computer / schreiben / .
5. Autos / heute / zu großen Teilen / automatisch / bauen / .

Immer bessere …

4 Von wem? – Wie ist es heute?

Ergänze die Sätze.

1. In Zukunft werden kranke Menschen von Robotern gepflegt. Heute …
2. In Zukunft werden Autos von Robotern gelenkt. Heute …
3. In Zukunft werden Menschen von Robotern operiert. Heute …
4. In Zukunft wird die Wohnung von Robotern gereinigt. Heute …
5. In Zukunft wird der Rasen von Robotern gemäht. Heute ….
6. In Zukunft wird das Essen im Restaurant von Robotern gebracht. Heute …

5 Diskussion: Lernen ohne Lehrer?

a Lies den Zeitungsartikel. Findest du das neue Schulmodell gut? Warum (nicht)?

NEUES SCHULMODELL

KÖLN, 5. MAI 2055 – Schule ist zu teuer geworden. Jede Schule braucht große Gebäude, einen Pausenhof und viele Lehrer und Angestellte. Viele Schulen haben auch eine Bibliothek, Sportanlagen und eine Kantine. Das kann sich kein Land mehr leisten. Deshalb wurde ein neues Modell entwickelt: die Schule auf dem Schreibtisch. Die Schüler bleiben zu Hause an ihrem Schreibtisch und lernen über Lernprogramme aus dem Internet und schicken ihre Hausaufgaben an eine zentrale Korrekturstelle. Dreimal im Jahr müssen sie zu einer Prüfungsstelle kommen und Prüfungen in allen Fächern ablegen.

b Eine Diskussion vorbereiten

Bildet drei Gruppen und bereitet die Diskussion vor:
Gruppe 1: Diskussionsleitung
Gruppe 2: pro
Gruppe 3: kontra

Diskussionsleitung
Unsere Diskussion heute hat das Thema …
Ich möchte zuerst die Gruppe … bitten, …
Möchtest du etwas dazu fragen/sagen?
Wir müssen jetzt zum Schluss kommen …
Zusammenfassend möchte ich sagen, dass …

Argumente formulieren
Ich denke/meine/glaube/finde, dass …
Meiner Meinung nach …
Ich bin davon überzeugt, dass …
Ich bin der Meinung, dass …
Für mich ist es wichtig, dass …

Auf Argumente reagieren
Das stimmt. / Das ist richtig.
Ich bin ganz deiner Meinung (, aber …)
Ich bin nicht deiner Meinung, denn/weil …
Ja, das sehe ich auch so.
Ich finde, … hat recht, wenn er/sie sagt, dass …

6 Leserbrief

Schreib einen Text.

In einer Zeitschrift findet eine Diskussion zum Thema „Schule ohne Lehrer" statt.
Schreib einen Leserbrief dazu. Bearbeite in die folgenden Punkte ausführlich:
- Gib zwei Meinungen wieder, die deine Klassenkameraden in der Diskussionsrunde in Aufgabe 5 geäußert haben.
- Wie ist der Unterricht in deiner Schule?
- Wie ist deine Meinung zum Thema? Begründe deine Meinung.

Einige in der Klasse haben gesagt, dass …
Die meisten in der Klasse haben gesagt, dass …
Andere meinten, dass …
Ich finde wichtig, dass …

7 Machen oder lieber machen lassen?

Lies das „Denk nach" und ergänze die Sätze 2–5.

Angelina kennt einen Erfinder, der für sie einen persönlichen Roboter (PR) erfunden hat.

Denk nach

lassen (+ Akkusativ)	Akkusativ	Infinitiv
Sie **lässt** (ihren persönlichen Roboter)	den Rucksack	tragen.

1. Sie trägt ihren Rucksack nicht mehr selbst.
   ⇨ Sie lässt ihren persönlichen Roboter (PR) den Rucksack tragen.
2. Sie kocht den Kaffee nicht mehr selbst.
   ⇨ Sie lässt ihren PR …
3. Sie holt ihr Handy nicht selbst. …
4. Sie sucht ihren Schlüssel nicht selbst. …
5. Sie holt ihre Cola nicht mehr selbst. …

Projekt: Selbsterfahrung

Wähle ein Projekt aus, mach Notizen und stell deine Erfahrungen der Klasse vor.

Projekt 1

Versuche, einen Tag lang ohne Computertechnik zu leben.
Wozu brauchst du Computertechnik?
Was musst du anders machen als normal?
Mach Notizen und beschreib deinen Tag.

Meine Zahnbürste ist elektronisch. Ich musste meine Zähne mit einer Handzahnbürste putzen.

Projekt 2

Du hast einen Erfinder kennengelernt.
Er erfindet Roboter für dich.
Wofür kannst du einen Roboter brauchen?
Was würdest du machen lassen?
Beschreib einen Tag mit deinem persönlichen Roboter.

Ich hätte gerne einen Roboter für …
Ich würde ihn …

18 Dreimal Deutsch

Lernziele

- ★ Über typische Dinge in Deutschland, Österreich und der Schweiz sprechen
- ★ Einige Dialektwörter verstehen
- ★ Über Vorurteile sprechen
- ★ Über Sprachen und ihre Verbreitung sprechen
- ★ Ein Referat vorbereiten

Das … ist typisch für die Schweiz / für Österreich / / für Deutschland.
… ist ein Symbol für …
… ist eine Spezialität aus …

Ich habe gehört, dass alle Deutschen / Österreicher / / Schweizer …
Ich glaube, in … trinkt/isst man viel …

Ich glaube, dass … Ich weiß nicht, ob …

Nein, … gibt es nicht nur in …, sondern auch in …
Das ist ein Vorurteil, nicht alle …

1 Deutschland – Österreich – Schweiz

a Was gehört zu welchem Land? Was findet ihr typisch deutsch, österreichisch, schweizerisch? Diskutiert.

b Was kennst du noch aus den drei Ländern? Hast du schon eins besucht? Erzähle.

2 Alles deutsch? Semmel, Brötchen …

CD 30

a Lies die Wörter und hör die Aufnahme mehrmals. Versuche, die Wörter den Orten zuzuordnen.

a) die Frikadelle
b) das Fleischpflanzerl
c) das Fleischlaberl
d) der Hamburger
e) die Semmel (2)
f) das Brötchen (2)
g) die Bulette
h) das Fleischbröderli
i) das Fleischküchle
j) das Gehacktes-Bällchen
k) das Weggli
l) das Brödli
m) das Weggle
n) die Schrippe

Ich hätte gern zwei

mit einem/einer

und Senf

1. Berlin: Bulette, Schrippe

b Welcher Satz gefällt dir am besten? Hör noch einmal und sprich nach.

3 Deutsch weltweit

a Wo in der Welt wird Deutsch gesprochen?

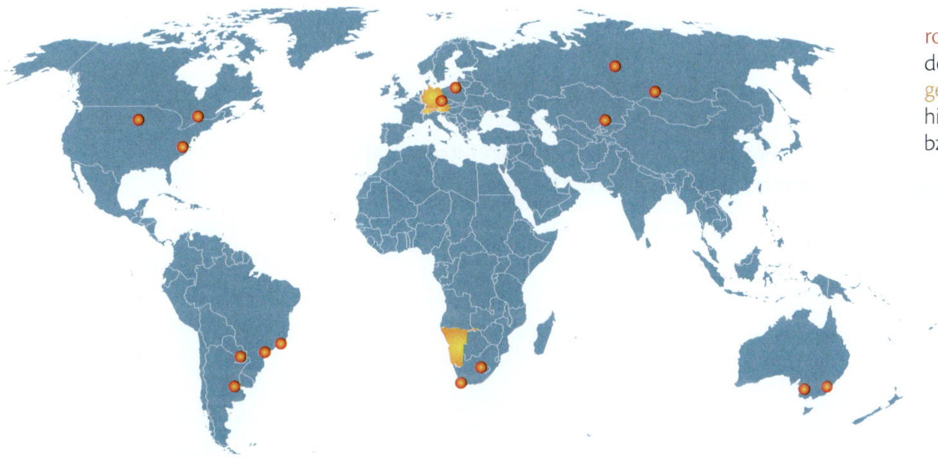

rote Punkte:
deutsche Sprachinseln
gelbe Flächen:
hier ist Deutsch Amtssprache bzw. eine der Nationalsprachen

b Lies 1–7 und a–g und ordne zu.

1. Mehr als 100 Millionen Menschen auf der Welt …
2. In der EU ist Deutsch …
3. Der größte Teil der deutschen Muttersprachler lebt natürlich …
4. Aber auch in anderen europäischen Ländern …
5. In anderen europäischen Ländern ist Deutsch zwar keine Amtssprache, aber …
6. Aber nicht nur in Europa gibt es deutsche Sprachinseln.
7. Allerdings sprechen die Menschen in den Sprachinseln …

a) die meistgesprochene Muttersprache.
b) es gibt deutsche „Sprachinseln".
c) ist Deutsch eine Amtssprache: in Luxemburg, im Westen von Belgien, in einem Teil von Italien (Bozen) und in Liechtenstein.
d) häufig einen Dialekt, in einigen Ländern auch ein Deutsch aus dem 18./19. Jahrhundert.
e) Vom 18. bis zum 20. Jahrhundert sind viele Deutsche nach Nord- und Südamerika, Afrika und nach Asien ausgewandert. Diese Gruppen haben zum Teil bis heute ihre Sprache und Kultur.
f) in Deutschland (80 Mio. deutsche Muttersprachler), in Österreich (7 Mio.) und in der Schweiz (fast 5 Mio.)
g) sprechen Deutsch.

c Sprachen bei uns – Sammelt Fragen in der Klasse.

Welche Sprachen und Dialekte werden gesprochen? Welche sprecht ihr? Gibt es deutsche Muttersprachler? Wenn ja, wo leben sie? Wo wird eure Sprache noch gesprochen? …

4 Stereotypen – Vorurteile

CD 31–34

a Lies 1–4, hör zu und entscheide: Hast du das im Text gehört (+) oder nicht (–)?

1. Tanja Meier meint, dass Deutschland und die Schweiz dieselbe Kultur haben.
2. Sylvia Egger war in Deutschland und es hat ihr gefallen.
3. Tobias Huber hat Vorurteile gegenüber den Österreichern.
4. Georg Mayr findet die Deutschen arrogant.

b Hör noch einmal. Wer nennt wen so?

Piefke • Ösi • Germanen • Schweizerli

Tanja Meier sagt, dass manche Deutsche die ... ... nennen.

c Wie beschreiben sich Deutsche, Österreicher und Schweizer gegenseitig? Ordne die Ausdrücke zu und schreib jeweils zwei Sätze dazu.

niederschauen • einen Minderwertigkeitskomplex haben • gute Gastgeber sein • zögern • sie haben eine eigene Kultur • hier lohnt es sich zu arbeiten • arrogant • gemütlich • sie wissen alles besser

Österreicher sind gute Gastgeber.

Manche Deutsche/Österreicher/Schweizer ...
finden ...
denken/glauben, dass ...
sind der Meinung, dass ...

5 *Miteinander, füreinander ...*

a Ergänze das „Denk nach" und 1–5.

Denk nach

Präposition + ... einander
Wie denken Schweizer **über** Deutsche? Wie denken Deutschen **über** Schweizer?
⇨ Wie denken Schweizer und Deutsche **übereinander**?
Ich rede **mit** dir. Du redest **mit** mir.
⇨ Wir reden ...

1. Er fährt mit ihr in Urlaub. Sie fährt mit ihm in Urlaub. Sie fahren ... in Urlaub.
2. Du arbeitest mit mir am Referat. Ich arbeite mit dir am Referat. Wir ...
3. Ich lerne von meinem Freund. Er lernt von mir. Wir ...
4. Er interessiert sich für sie. Sie interessiert sich für ihn. Sie ...
5. Er denkt an sie. Sie denkt an ihn. Sie ...

b Sprecht über die folgenden Fragen in der Klasse.

1. Welche Gemeinsamkeiten und Unterschiede zwischen den Regionen gibt es bei euch?
2. Was denken die Leute übereinander/voneinander?
3. Welche Vorurteile gibt es?

ähnlich • anders • verschieden/unterschiedlich • gleich
eigene (Kultur) • andere (Kultur) • ähnliche/gleiche/unterschiedliche Kultur
die Gemeinsamkeit • der Unterschied • die Ähnlichkeit
sich ähneln • gleich sein • sich unterscheiden (in, von)

Die Regionen in den USA sind sehr unterschiedlich.

In China gibt es große Unterschiede zwischen dem Leben auf dem Land und in der Stadt.

Ich glaube, wenn man sucht, findet man immer Gemeinsamkeiten.

6 Eine Präsentation vorbereiten

a Ordne die Fragen A–H den Schritten 1–8 zu.

Schritt 1 Thema auswählen
Schritt 2 Material sammeln (Internet, Bibliothek, Eltern, Freunde …)
Schritt 3 Material ordnen
Schritt 4 Wörter und Redemittel sammeln
Schritt 5 Materialien für die Präsentation auswählen (Bilder, Karten, Diagramme, Musik …) und in eine Reihenfolge bringen (Powerpoint, Plakat)
Schritt 6 Text formulieren
Schritt 7 Stichworte aufschreiben
Schritt 8 Generalprobe: die Präsentation vor einem Freund / einer Freundin halten

A Mit welchen visuellen Mitteln kann ich zeigen, was ich sagen möchte? Was möchten die Zuhörer gerne sehen?
B Wo finde ich interessante Informationen über mein Thema?
C Was sind die wichtigsten Fragen?
D Habe ich alles gesagt, was ich wollte? Stimmen die Sätze (Verben, Zeiten, Rechtschreibung …)?
E Welche neuen Wörter sind wichtig für das Thema? Mit welchen Strukturen kann ich die Inhalte gut erklären?
G Welches Thema finde ich so interessant, dass ich mich genauer damit beschäftigen möchte?
H Welche Informationen sind wichtig? Welche lasse ich weg? Wie hängen die Informationen zusammen? Womit fange ich an?

b Wähle ein Thema und bereite anhand der acht Schritte eine Präsentation vor.

Weltstadt Wien **Die Nordsee**
Der beste Fußballverein in Deutschland
Industrie in Deutschland **Wintersport in der Schweiz**
Meine Sprache in der Welt **Die Alpen**
Tourismus und Wirtschaft in Österreich
Die Schweiz: ein Land – vier Sprachen
Berlin **Regionen in Deutschland**

1 Sprechtraining: Bausteine zum Sprechen

CD 35

a Hör und sprich.

die Prozentzahlen:	25 %	50 %	78 %	99 %	0,3 %	3,5 %	7,0 %
die Mengenbezeichnungen:	alle	die Hälfte	ein Drittel	ein Viertel			
die Jahreszahlen:	1998	2001	2009				

b Sag es anders.

Ein Viertel. 33,3 % 50 % 75 % 100 %

26 % 46 % 53 % 69 % 99 %

25 %

Fast ...

Ungefähr ein Viertel.

Etwas mehr als ...

Knapp ...

2 Sprechen – Gespräch über ein Thema

Arbeitet zu zweit. Seht jede/r eine Grafik an und lest den Text dazu.
Berichte deinem Partner / deiner Partnerin kurz, welche Informationen du zum Thema Sport in Deutschland vorliegen hast. Danach berichtet dein Partner / deine Partnerin kurz über seine/ihre Informationen.

Erzähle deinem Partner / deiner Partnerin, ob bzw. welchen Sport du treibst, wie oft du Sport machst und die Gründe dafür. Dein Partner / Deine Partnerin wird dir von seinen/ihren Gewohnheiten erzählen. Reagiere darauf.

Abbildung A

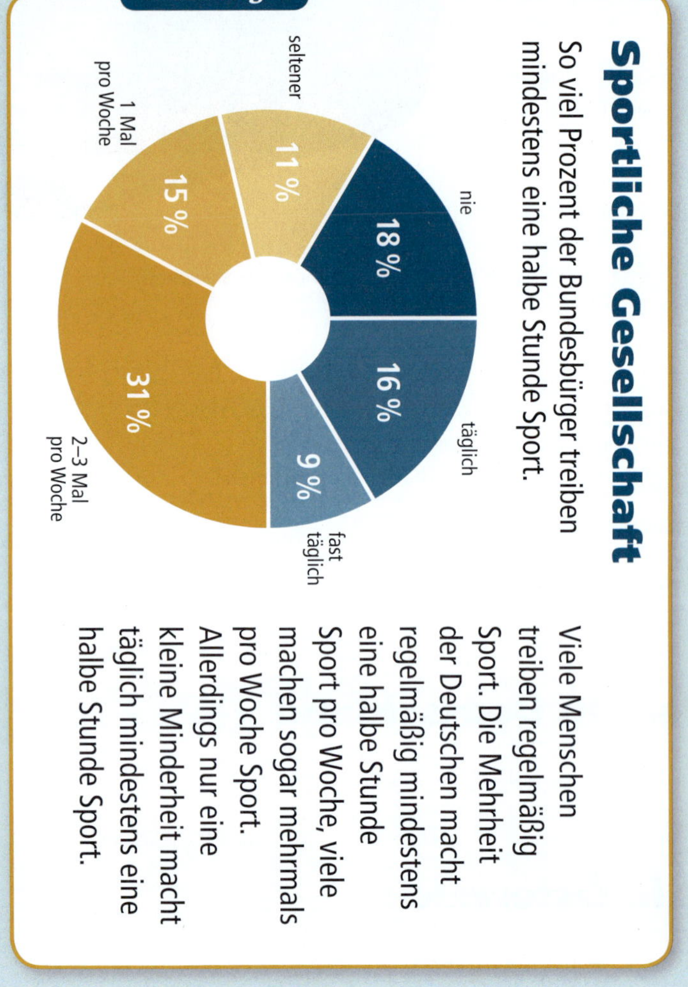

Abbildung B

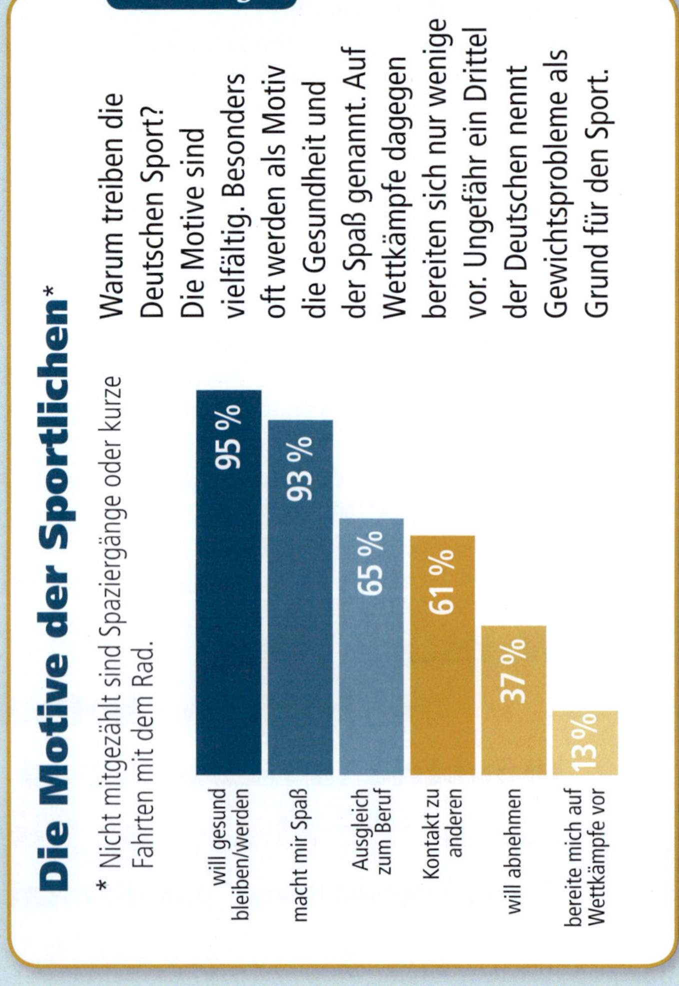

Quelle: Infas/ABDA, 2008

3 SCHWERPUNKT: Hörstrategien

Diese unterschiedlichen Hörstrategien werden auch in der Prüfung verlangt. Beim Hören unterscheidet man wie beim Lesen drei Strategien:

Globales Hören
Ich möchte nur wissen, worum es geht.

Selektives Hören
Ich möchte eine bestimmte Information finden.

Genaues Hören
Ich möchte alles genau verstehen.

a Lies und ordne die Beispiele A–C den Strategien zu.

☐ A **Lautsprecherdurchsagen** am Bahnhof hört man anders als eine Geschichte. Bei der Bahnhofsdurchsage möchte ich vielleicht nur verstehen, auf welchem Gleis mein Zug abfährt, der Rest der Durchsage interessiert mich nicht und ich höre gar nicht richtig zu.

☐ B Eine **Geschichte** möchte ich aber genau verstehen, da achte ich auch auf die Details.

☐ C Und wenn ich das Radio anmache und einen **Sender suche**, dann achte ich gar nicht genau auf die einzelnen Worte, dann möchte ich nur wissen, ob der Sender für mich interessant ist.

CD 36 **b Hört zu und löst die Aufgaben. Diskutiert: Was hat euch geholfen? Wie habt ihr die Lösung gehört?**

Aufgabe 1: Du hörst Tipps für das Wochenende im Radio. Hör zu und entscheide:

Heute Abend ist im Jugendzentrum eine Disco.	Richtig	Falsch

Aufgabe 2: Du hörst ein Telefongespräch zwischen zwei Freundinnen. Hör zu und entscheide:

Katja möchte ein neues Kleid kaufen.	Richtig	Falsch

Aufgabe 3: Du hörst den Anfang eines Interviews. Hör zu und entscheide:

Martin muss jetzt viel für die Schule arbeiten.	Richtig	Falsch
Er braucht ein gutes Abschlusszeugnis.	Richtig	Falsch
Nach der Schule möchte er sofort Medizin studieren.	Richtig	Falsch

4 Hören – Aussagen zu einem Thema

a Lies die Aufgaben a–f in 4c. Welche Hörstrategie musst du verwenden?

b Diskutiert Tipps, wie man diese Aufgabe am besten lösen kann. Und macht dann die Hörübung.

Ich mache mir zu den Aussagen im Kopf ein Bild von den Personen. Dann kann ich sie mir besser merken.

Ich markiere wichtige Wörter in den Sätzen.

CD 37 **c Lies zunächst die Sätze a–f. Du hast dafür eine Minute Zeit. Entscheide dann beim Hören, welcher Satz zu welcher Aussage passt.**

TIPP
Zu jeder Aussage passt ein Satz, zwei Sätze bleiben übrig.

a) Wenn man in einer Kleinstadt wohnt, kann man mit dem Fahrrad zur Schule fahren.
b) In einer Großstadt kann man besser seinen persönlichen Stil finden.
c) Die meisten Menschen möchten in einer Großstadt wohnen.
d) Wenn ich auf dem Land wohnen würde, hätte ich nicht die Chancen, die ich jetzt habe.
e) Ich gehe manchmal gerne in eine Großstadt, aber ich möchte nicht gerne dort wohnen.
f) Ich möchte weder auf dem Land noch in einer Großstadt leben.

5 Schreiben – Leserbrief

Unterricht am Samstag?

In einer Jugendzeitschrift gibt es eine Diskussion zum Thema „Unterricht am Samstag".
Du findest hier dazu folgende Meinungen:

Unsere Leser meinen ...

Lars:
Ich weiß, dass es früher am Samstag auch Unterricht gab. Meine Eltern hatten am Samstag Unterricht. Sie fanden das ganz normal, weil sie es ja nicht anders kannten. Aber ich kann mir das nicht vorstellen.

Katharina:
Vielleicht wäre es besser. Wir haben in der Oberstufe viele Stunden, zweimal habe ich bis sechs Uhr Unterricht, dann muss ich noch Hausaufgaben machen. Wenn wir samstags ein paar Stunden hätten, dann wäre alles besser verteilt.

Jasmin:
Samstags in die Schule? Das wäre der Horror. Mein Wochenende möchte ich für mich haben. Natürlich arbeite ich auch am Samstag ein bisschen für die Schule, aber ich kann erst mal ausschlafen und mir die Zeit selbst einteilen.

Paul:
Meine Eltern arbeiten doch am Samstag auch nicht, warum sollen wir Schüler denn dann in die Schule gehen? Ich glaube nicht, dass das geändert wird. Die Lehrer wollen das doch auch nicht.

Schreib einen Leserbrief an die Jugendzeitschrift. Bearbeite in deinem Leserbrief die folgenden drei Punkte ausführlich:
– Gib die Meinungen wieder, die du in der Jugendzeitschrift zum Thema Unterricht am Samstag gelesen hast.
– Wie sieht es an deiner Schule mit Unterricht am Samstag aus?
– Wie ist deine Meinung zum Thema? Begründe deine Meinung.

6

Lesen – Überschriften Texten zuordnen

Lies zuerst die 10 Überschriften. Lies dann die 5 Texte und entscheide, welcher Text (A–E) am besten zu welcher Überschrift (1–10) passt.

1 **Übungsabend für Schüler**
2 **Tipps für Bewerbungsgespräche**
3 **Vortrag über Lerntechniken**
4 **Menschen mit roten Haaren treffen sich**
5 **Älteste Lottogewinnerin tot**
6 **Gesundheit wichtiger als Geld**
7 **Diskussion über das Recht zur Lüge**
8 **Urlaubsberichte**
9 **Urlaub in der Zukunft**
10 **Umweltschaden durch Feuer**

A

Zu einem Vortrag zum Thema „Das Lernen lernen" für alle Eltern lädt die Leitung der Rosendorfschule ein. In Übungen erfahren die Gäste Neues und Überraschendes zu den Themen Gedächtnis, Lerntechniken, Konzentration und Motivation. Dazu gibt es praktische Tipps und Tricks, zum Beispiel für die Rechtschreibung, das Rechnen und die Hausaufgaben. Referent ist Dr. M. Koenig, ein bekannter Lerntrainer aus Kassel. Der Vortrag beginnt am Montag, den 7. September, um 19:30 Uhr, in der Rosendorfschule.

B

Unterwasserhotels, Überschallflugzeuge, riesige Kreuzfahrtschiffe und „Blind-Date-Reisen": All das gehört zur Vorstellung der Deutschen davon, wie ihr Urlaub im Jahr 2019 aussehen könnte. Das hat eine Umfrage der Gesellschaft für Konsumforschung (GfK) in Nürnberg unter 1001 Deutschen ergeben. Auftraggeber der Studie war das Reiseportal Expedia in München.
Zu den populärsten Reisezielen 2019 werden nach Einschätzung der Befragten neben Deutschland auch Südeuropa sowie Asien und Australien gehören. Gebucht wird Urlaub im Jahr 2019 laut der GfK-Studie wahrscheinlich noch stärker als bisher im Internet.

Das Vorstellungsgespräch ist ein wichtiges Ereignis und man sollte sich gut darauf vorbereiten. Wichtig ist zu wissen, dass im Vorstellungsgespräch manche Fragen verboten sind. Stellt der Arbeitgeber sie trotzdem, muss man nicht die Wahrheit sagen, z.B. muss eine Bewerberin keine Fragen über Familienplanung beantworten, d.h., sie darf lügen, wenn sie gefragt wird, ob sie schwanger ist oder Kinder plant. Bei solchen unzulässigen Fragen hat man ein Recht zur Lüge, erläutert Hans Gottlob Rühle vom Arbeitsgericht Marburg.

C

D

Zehn Jahre nach ihrem ersten Lottogewinn hat eine 84-jährige Frau aus Bottrop zum zweiten Mal den Jackpot geknackt. Bei ihrem ersten Sechser teilte sie den Gewinn mit fünf anderen Gewinnern und musste sich mit „nur" 2 Millionen Euro zufriedengeben. Nun setzte sie noch einen drauf und darf sich als alleinige Gewinnerin auf 15 Millionen Euro freuen. „Wissen Sie, das ist schon schön", sagte die alte Dame zu ihrem Gewinn. „Aber das Schönste ist, dass ich nun so alt bin und immer noch gesund und dass ich mich über meine 5 Kinder, 10 Enkelkinder und 4 Urenkel freuen kann." Und die freuen sich sicher auch über ihre Glücks-Oma.

E

Etwa 4000 Feuerköpfe haben sich zum diesjährigen Welttreffen der Rothaarigen angesagt, weit mehr als je zuvor. Das Treffen findet bereits zum 4. Mal statt. Die Teilnehmer wollen gemeinsam feiern und zugleich zeigen, dass sie stolz auf ihre Eigenart sind. Neben Partys stehen vor allem am Sonntag Diskussionen und Vorträge rund um das Thema Rothaarigkeit auf dem Programm. So wollen Psychologen die Ausstrahlung und Wirkung roter Haare auf die Mitmenschen erklären. Höhepunkt wird wieder das Gruppenfoto mit so vielen „Erdbeerblonden" wie möglich.

Für mein Portfolio

Das machen Jugendliche in meinem Land in ihrer Freizeit. / Das mache ich in meiner Freizeit.

19 Berufsleben

Lernziele

- ★ Stellenanzeigen verstehen
- ★ Über Qualifikationen für eine Stelle sprechen
- ★ Über Erwartungen an eine Stelle sprechen
- ★ Eine Bewerbung schreiben

1 Angebote

a Lies die Anzeigen und ordne sie den Bildern zu.

WIR BILDEN AUS!

Im August können Sie bei uns eine Lehre zum/r Bankkaufmann/-frau beginnen. Wir erwarten von unseren Bewerbern mindestens den Realschulabschluss sowie gute MS-Office-Kenntnisse. Sie sollten bereit sein, sich in unserem Team zu engagieren und selbständig zu arbeiten. **Wir bieten** gutes Gehalt.

Bewerbungsunterlagen an:

Sabine Mayer
Personalabteilung VB-Bank
Postfach
D-50939 Köln

Praktikum in Kinderreitschule

Wir bieten engagierten Personen vor dem Studium die Möglichkeit, in unserer Kinderreitschule pädagogische Erfahrungen zu sammeln. Wenn Sie sich mit Pferden auskennen, ist das ein Vorteil. Wir erwarten, dass Sie körperlich fit, kommunikativ und offen sind und mit Kindern und Tieren gut umgehen können. Wollen Sie in der Pferdepflege mithelfen? Dann schicken Sie Ihre Unterlagen an:

Kinderreitschule
Albisrieden
CH-8047 Zürich

Interessanter Ferienjob mit guter Bezahlung!

Wir suchen für den Sommer eine Aushilfe (Voll- oder Teilzeit), zwischen 17 und 25 Jahren alt. Gute Deutsch- und Englischkenntnisse sind erwünscht.

Wir bieten interessante Arbeit in jungem Team. Vollständige Bewerbungen bitte an:

Jugendherberge Nürnberg
Burg 2
D-90403 Nürnberg
Deutschland

b Welche Qualifikationen brauchen die Bewerber/innen?

Ausbildung/Schulabschluss	*Eigenschaften*	*Kenntnisse*

CD 38 **c Christoph spricht mit einem Berufsberater. Hör zu und mach Notizen: Was sind seine Eigenschaften, Kenntnisse/Fähigkeiten und Erfahrungen? Welcher Beruf wäre für ihn geeignet?**

d Wähle eine Anzeige aus. Warum willst du gerade diese Stelle?

Ich habe Erfahrungen bei … gemacht.
Ich bin gut in/im / in der …
Ich habe Interesse an …
Ich wünsche mir / erwarte, dass …
Ich bin kommunikativ/teamfähig/offen/flexibel.

2 Adjektivdeklination ohne Artikel

a Lies die Beispiele 1–6. Achte auf die Adjektivendungen. Ergänze das „Denk nach".

1. Wir erwarten gute MS-Office-Kenntnisse.
2. Wir bieten: gutes Gehalt.
3. Wir bieten engagierten Personen ein Praktikum an.
4. Interessanter Job mit guter Bezahlung!
5. Gute Deutschkenntnisse sind erwünscht.
6. Wir bieten: interessante Arbeit in jungem Team.

Denk nach

	m	n	f	Plural
N	…	-es	-e	…
A	-en	…	…	…
D	-em	…	…	…

b Arbeitet zu zweit. Schreibt eine Anzeige.

interessante Arbeit • junger Informatiker • kreatives Team • vollständige Bewerbungen • engagierte Praktikantin • gute Bezahlung • interessanter Job • gute Computerkenntnisse

Wir suchen junge Praktikantin, die in kreativem Team arbeiten möchte. Wir erwarten … Wir bieten … an.

3 Schriftliche Bewerbung

a Was gehört in eine Bewerbungsmappe? Wähle aus.

b In welcher Reihenfolge würdest du die Unterlagen ordnen?

Foto der Familie
Kopie der Zeugnisse
Passfoto
Empfehlungsschreiben eines Lehrers
Bescheinigungen von Auslandsaufenthalten
Tagebuch
Bescheinigungen von Praktika, Kursen …
Empfehlungsschreiben der Eltern und Geschwister
Bewerbungsschreiben
Lebenslauf

1. Bewerbungsschreiben
2. …

c Ein Bewerbungsschreiben besteht aus sechs Teilen. Ordne 1–6 die Textteile zu.

1. Anrede
2. Einleitung
3. Hauptteil
   Warum bewerbe ich mich?
   Warum bin ich der ideale Bewerber?
4. Abschluss
5. Grußformel
6. Anlagen

1. + g

a) Ich würde mich sehr freuen, wenn ich mich persönlich vorstellen dürfte.
b) Ich bin kreativ, teamfähig und offen.
c) Lebenslauf
d) Hiermit bewerbe ich mich um diese Stelle.
e) Zu meinen Stärken gehört auch die Fähigkeit, mich schnell auf neue Bereiche zu konzentrieren.
f) Zurzeit bin ich in der 12. Klasse des Röntgen-Gymnasiums in Salzburg.
g) Sehr geehrte Damen und Herren,
h) Fotokopie der letzten zwei Schulzeugnisse
i) Im Sommer werde ich die Schule mit dem Abitur abschließen.
j) Ich gehe gerne mit Menschen um, arbeite oft am Computer und lese in meiner Freizeit viel, um mich über die aktuelle wirtschaftliche Lage zu informieren.
k) Praktikumsbescheinigung
l) mit Interesse habe ich Ihre Anzeige vom 12.03. in der Tageszeitung gelesen.
m) Mit freundlichen Grüßen
n) Sie bieten eine Ausbildung zur Einzelhandelskauffrau an.
o) Besonders interessant finde ich bei Ihrer Ausbildung, dass man sowohl die Theorie als auch die Praxis des Einzelhandels kennenlernt.
p) Ich bringe gute Deutsch- und Englischkenntnisse mit.

d Wähle eine Anzeige auf Seite 102 aus oder suche eine Anzeige im Internet und schreib dein Bewerbungsschreiben.

4 Wie schreibt man einen Lebenslauf?

a Lies den Text und 1–3. Was ist richtig: a, b oder c?

Früher wurde ein Lebenslauf mit der Hand geschrieben. In den letzten Jahren schreibt man für fast alle Firmen einen tabellarischen Lebenslauf mit dem PC. Die große Gefahr bei der Verwendung eines Computers ist, dass man einen Lebenslauf einmal schreibt und dann immer wieder für alle möglichen Bewerbungen verwendet. Man muss darauf achten, dass das Datum auf dem Lebenslauf und im Bewerbungsschreiben gleich sind. Für jede Bewerbung sollte man den Lebenslauf an die Firma anpassen. Für jede Firma muss man folgende Fragen beantworten: Welche meiner Interessen und Fähigkeiten passen gut zum Beruf? Welche Praktika, Ferienjobs oder Weiterbildungen sind hilfreich für den Beruf oder die Firma? Und vergiss am Ende nicht, den Lebenslauf zu unterschreiben.

1. Den Lebenslauf schreibt man heute …
   a) immer mit der Hand.
   b) meistens tabellarisch.
   c) nur mit dem PC.

2. Wenn man den Lebenslauf mit dem Computer schreibt, …
   a) macht man keine Fehler.
   b) kann man ihn immer wieder ohne Veränderungen verwenden.
   c) vergisst man oft, das Datum zu ändern.

3. Den Lebenslauf muss man …
   a) immer unterschreiben.
   b) immer unverändert lassen.
   c) immer ganz neu schreiben.

b Lies den Lebenslauf. Welche Überschriften passen zu 1–7?

a) Hobbys
b) weitere Kenntnisse
c) Schulausbildung
d) Fremdsprachen
e) persönliche Daten
f) sonstige Aktivitäten
g) Praktika

LEBENSLAUF

1 **Name:** Beate Buchner

Geburtsdatum und -ort: 11. September 1992, Bergtheim
Familienstand: ledig

Adresse: Schulgasse 12
97241 Bergtheim
E-mail: beate.buchner@mail.de

2
1998–2002 Grundschule Bergtheim
2002–2004 Michael-Ignaz-Schmidt-Realschule Würzburg
seit 2004 St.-Ursula-Gymnasium Würzburg

3
Mai 2008 3 Wochen Praktikum bei Interkom GmbH, Würzburg (Kundenservice)

4
Englisch 6 Jahre Schulkenntnisse, Sprachkurs in England
Französisch 4 Jahre Schulkenntnisse

5
Computer Windows 7, Office (Computerkurs bei Optimus IT, Würzburg, 2009)

6
Klassensprecherin 2005–2006
Mitarbeit in der Schülerzeitung 2006 bis heute

7
Tennis: seit 2002 im Verein in Bergtheim
Computer/Internet: seit 1999 am eigenen PC, fast täglich
Briefe schreiben: seit 2006 ständiger Kontakt zu Teilnehmern des Sprachkurses in England

Bergtheim, 19. August 2010

Beate Buchner

c Vergleiche den Lebenslauf auf Deutsch mit einem in deiner Muttersprache. Was ist gleich? Was ist anders?

Bei uns schreibt man Lebensläufe ...

Ich glaube, es gibt ...

Zu einem deutschen Lebenslauf gehört ein Foto.

d Schreib deinen eigenen Lebenslauf nach dem Beispiel.

Projekt: Praktikums- und Ausbildungsstellen in D-A-CH

Suche im Internet nach Praktikums-/Ausbildungsstellen in den deutschsprachigen Ländern, die dich interessieren. Wähle eine aus und stelle sie der Klasse vor.
www-Adressen: praktikumsvermittlung.de • ausbildungsbeitraege.ch • studserv.de/praktika/praktikum_oesterreich.php

20 Mach keinen Stress!

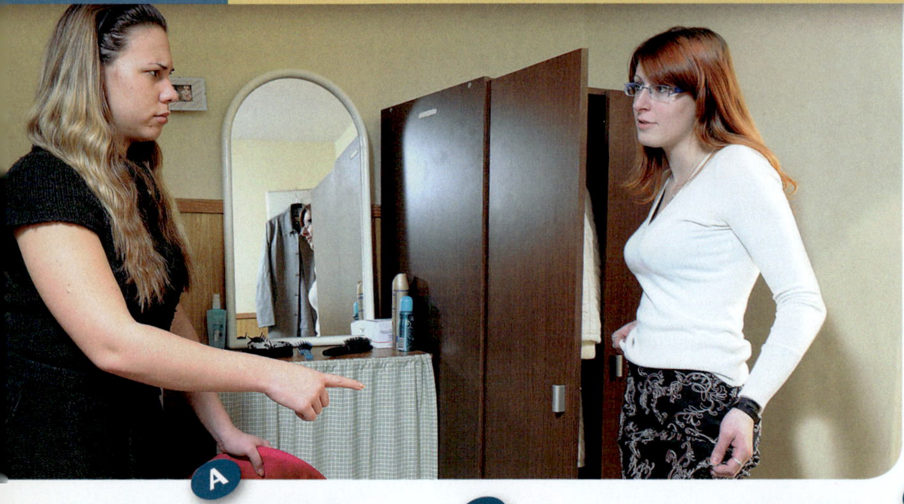

Lernziele

- ★ Über Konflikte sprechen
- ★ Streitgespräche führen
- ★ Einen Text über Mediation verstehen
- ★ Über Mediation diskutieren

1 Konflikte

a Worum geht es auf den Fotos? Was sagen die Jugendlichen? Arbeitet in Gruppen.

Sie streiten miteinander, weil ...

Er/Sie wirft ihm/ihr vor, dass ...

Sie streiten über/um ...

Er/Sie behauptet vielleicht, dass ...

b Welche Konflikte kennt ihr? Sammelt Beispiele.

in der Schule • mit Freunden • mit den Geschwistern • mit ...

CD 39–41 **c Hör die drei Dialoge und ordne sie den Fotos zu. Waren deine Vermutungen richtig?**

d Zu welchen Fotos passen die Äußerungen 1–10?

1. Dass ich nicht lache.
2. Du falsche Schlange, du miese, kleine Ratte.
3. Das kannst du vergessen.
4. Mach nicht so einen Stress, du nervst.
5. Halt doch einfach mal die Klappe.
6. Spiel dich nicht so auf.
7. Du spinnst wohl.
8. Hau ab, das ist mein Stuhl.
9. Jetzt mal langsam.
10. Komm, stell dich nicht so an.

e Hör die Dialoge noch einmal. Mach Notizen und gib einen Streit wieder.

In Dialog … streiten …
Sie/Er ärgert sich, weil …
Sie schreit, sie ist ärgerlich/zornig/wütend …
Keine/r will nachgeben.
… hat recht / nicht recht
Ich finde, … hat Schuld an dem Streit.

In Dialog 1 streiten zwei Schwestern miteinander. Die eine hat … Die andere …

2 Das ist nicht mein Problem, das ist deins!

CD 42

a Lies das „Denk nach" und ergänze den Dialog. Hör zur Kontrolle.

- ▶ Das darf doch nicht wahr sein. Sag mal, ist das mein Rock?
- ▶ Ehm, komm, stell dich nicht so an, weißt du, m… ist gerade in der Wäsche und heute …
- ▶ Ach, immer ist irgendwas, immer ziehst du meine Klamotten an, kauf dir doch selbst w…, du kriegst genauso viel Taschengeld wie ich. Wenn du nichts zum Anziehen hast, dann ist das doch nicht mein Problem, dann ist das d…

Denk nach

	m	n	f	Plural
N	ein**er**	ein**s**	eine	**welche**
	kein**er**	kein**s**	keine	keine
A	einen	ein**s**	eine	**welche**
	keinen	kein**s**	keine	keine
D	einem	einem	einer	**welchen**
	keinem	keinem	keiner	keinen

mein-/dein- … funktionieren wie *kein-*

b Schreibt und spielt Streitdialoge und führt sie in der Klasse vor.

mein Handy • meine Tasche • meine Socken • mein Stift • mein Buch • mein MP4-Player …

- ▶ Das darf doch nicht wahr sein, sag mal, ist das **mein** Handy?
- ▶ Stell dich nicht so an, **meins** ist kaputt.
- ▶ Immer nimmst du **meins**, kauf …
- ▶ …

3 Konflikte eskalieren oder beruhigen

a Ordne zu. Es gibt mehrere Lösungen.

1. Je lauter man schreit,
2. Je mehr man nachgibt,
3. Je selbstbewusster man ist,

a) desto stärker wird der oder die andere.
b) desto leichter setzt man sich durch.
c) desto aggressiver wird der oder die andere.

b *Je … desto* – Ergänze das „Denk nach".
Wo steht der Haupt- und wo der Nebensatz?

Denk nach

(1) … satz	(2) … satz
Je selbstbewuss**ter** man **ist**,	**desto** leich**ter** **setzt** man sich durch.
Position 1	Position 1

c Schreibt drei *je*-Sätze auf einen Zettel.
Tauscht die Zettel und schreibt eine *desto*-Fortsetzung.
Lest dann die Sätze vor und diskutiert sie.

viel weinen • sich viel ärgern • leicht verlieren • leicht gewinnen • leicht einen Streit anfangen • schwer/leicht/schnell den Streit beenden • schwer/leicht/schnell nachgeben • eine gute Lösung finden • viel Gewalt einsetzen • sich leicht durchsetzen • viel/wenig erreichen …

Je mehr man weint, desto besser kann man sich durchsetzen.

Ich finde, je mehr man weint, desto weniger kann man erreichen.

Das stimmt doch nicht. Wenn man weint, dann …

Das kommt darauf an.

Schüler schlichten Streit ...

Einmal in der Woche haben sich die Schüler mit Frau Schawan und Herrn Baum, den betreuenden Lehrern, getroffen und gelernt, wie man Konflikte erkennt und behandelt und wie man Hintergründe erfragt. Sie haben richtiges Zuhören trainiert, Gesprächstechniken geübt und Lösungswege kennengelernt.

Wenn ihr Konflikte mit Freunden oder Lehrern habt, könnt ihr zu den Mediatoren gehen. Sie helfen euch, eure Probleme zu lösen. Ihr erklärt ihnen zuerst genau euer Problem. Wenn sie wissen, was los ist, können sie euch vielleicht Wege zeigen, wie ihr mit dieser Situation umgehen könnt.

Sie lösen eure Probleme nicht. Sie helfen euch, die Probleme selbst zu lösen!

Ihr braucht keine Angst zu haben, dass die Mediatoren weitererzählen, was ihr ihnen gesagt habt. Das dürfen sie nicht, weil sie Schweigepflicht haben!

4 Mediatoren in der Schule

a Lies den Text und notiere die wichtigsten Informationen: Wer, wann, was ...?

b Lies noch einmal und ordne die Wörter den Erklärungen 1–5 zu.

Schweigepflicht	1. einen Konflikt beenden
betreuende Lehrer	2. sie dürfen nichts sagen
Hintergründe	3. die Art und Weise, wie man ein Gespräch führt
Gesprächstechniken	4. die Lehrer, die den Schülern helfen
Streit schlichten	5. man sieht sie erst, wenn man sich intensiver mit einem Problem beschäftigt

c Gibt es Schülermediatoren bei euch? Wie wird Streit geschlichtet?

5 Regeln für eine Mediation

a Lies A–E und ordne die Phasen 1–5 vom Foto auf Seite 108 zu.

A In dieser Phase versucht der Mediator, den Konflikt zu verstehen. Ein Konflikt hat meistens Hintergründe: Ängste, Bedürfnisse oder Probleme, die man auf den ersten Blick nicht sieht. Eine gute Übung ist es, wenn die Teilnehmer einmal versuchen, „in den Schuhen des anderen zu gehen". Damit wird das Verständnis für die andere Seite besser.

B Um den Streit auf Dauer zu beenden, gehört zur Mediation eine letzte Phase: die schriftliche Vereinbarung / der Vertrag. Der Mediator muss dabei auf klare Formulierungen und eine positive Sprache achten. Bevor die Streitparteien den Vertrag unterschreiben, liest der Mediator ihn laut vor.

C Der Mediator erklärt, wie die Mediation funktioniert. Die Grundregeln sind: Nicht unterbrechen! Ausreden lassen! Nicht beschimpfen! Keine Gewalt!

D Die (Konflikt-)Teilnehmer erzählen nacheinander den Konflikt aus ihrer Perspektive. Der Mediator muss jetzt besonders auf die Grundregeln achten, weil beide Parteien meistens sehr aufgeregt sind und sich gegenseitig häufig unterbrechen wollen. Der Mediator muss genau zuhören und die Aussagen und Gefühle der Teilnehmer zusammenfassen.

E Wenn alle den Konflikt verstanden haben, beginnen die Teilnehmer, über eine Lösung des Problems nachzudenken. Zunächst werden viele Möglichkeiten gesammelt und dann wird diskutiert. Wichtig ist nicht, dass der Mediator die Lösung gut findet, sondern dass die Teilnehmer zu einer Einigung kommen. Keiner soll sich als Sieger oder Verlierer fühlen.

b Lies die Regeln noch einmal und entscheide für 1–6: richtig oder falsch? Korrigiere die falschen Aussagen.

1. Die Hintergründe eines Konflikts sind für die Mediation nicht wichtig.
2. Der Mediator sagt, was gut und was schlecht ist.
3. Zum Abschluss der Mediation schreiben die Teilnehmer auf, wie sie den Streit beenden wollen.
4. Bei jeder Mediation gibt es am Ende einen Verlierer und einen Sieger.
5. Der Mediator muss aufpassen, dass sich die Teilnehmer gegenseitig ausreden lassen.
6. Der Mediator muss genau verstehen, was die Teilnehmer meinen.

6 Interview mit Daniel, Maja und Annika

CD 43–45

a Hör zu und mach Notizen. Welche Erfahrungen haben Daniel, Maja und Annika mit Schülermediation gemacht?

Annika: gut, kleinere Geschwister, ...

b Deine Meinung: Wie findest du Mediation von Schülern? Gibt es das an eurer Schule oder sollte es das geben?

21 Mauer – Grenze – Grünes Band

▲ In den Gaskammern der Konzentrationslager ermordeten die Nazis Millionen Menschen.

▼ Im Zweiten Weltkrieg starben über 50 Millionen Menschen.

△ 1933 kommen die Nazis an die Macht.

▼ Vom 13. 8. 1961 bis zum 9. 11. 1989 war Berlin durch eine Mauer geteilt.

◀ Am 9. 11. 1989 wurde die Mauer geöffnet.

▽ Wo früher die Grenze Deutschland teilte, ist heute ein „Grünes Band".

▶ Das „Grüne Band" soll vom Schwarzen Meer im Süden bis zum Eismeer im Norden gehen.

GrünesBand Deutschland

Lernziele

- ★ Über geschichtliche Ereignisse sprechen
- ★ Über Abläufe in der Vergangenheit sprechen
- ★ Geschichtliche Ereignisse vergleichen

1 Geschichte in Europa

a Seht euch die Fotos an und sammelt Wörter und Aussagen zur Geschichte.

b Lies die Texte A bis C schnell und ordne sie den Abbildungen auf Seite 110 zu.

A Nachdem die Nazis 1933 an die Macht gekommen waren, begannen sie mit den Vorbereitungen für den Krieg. Der Zweite Weltkrieg begann 1939 mit dem Überfall Deutschlands auf Polen. Sechs Jahre später, am 8. Mai 1945, endete der Krieg. Über 50 Millionen Menschen hatten ihr Leben in diesem Krieg verloren. 20 Millionen von ihnen waren Russen. Während des Krieges hatte Deutschland mit der systematischen Ermordung der Juden begonnen. 6 Millionen Juden starben in den Konzentrationslagern.

B Nach dem Krieg wurde Deutschland geteilt. Ab 1949 gab es zwei deutsche Staaten, die Bundesrepublik Deutschland (BRD) und die Deutsche Demokratische Republik (DDR). Die DDR war keine Demokratie. Eine Partei (SED) kontrollierte die ganze Gesellschaft. Die Wirtschaft funktionierte in der DDR nicht gut. Die BRD erlebte ein Wirtschaftswunder und erholte sich schnell vom Krieg. Nachdem viele Menschen die DDR aus wirtschaftlichen und politischen Gründen verlassen hatten, baute die Regierung um Westberlin eine Mauer und an der Grenze zur BRD einen breiten Grenzstreifen. An dieser Grenze starben von 1961 bis 1989 über 150 Menschen, die die DDR verlassen wollten. Nachdem in Russland und vielen anderen Ländern der Kommunismus zu Ende gegangen war, öffnete auch die DDR-Regierung am 9. November 1989 die Mauer. Ein Jahr danach war die Teilung Deutschlands beendet.

C Als die Grenze weg war, sahen einige Umweltschützer die Chance, ein ganz besonderes Stück Natur zu retten: den ehemaligen Grenzstreifen zwischen der Bundesrepublik und der DDR. Sie begannen das Projekt das „Grüne Band". Das Ziel: etwa 1400 Kilometer der alten deutsch-deutschen Grenze sollen unter Naturschutz gestellt werden. So kann dort die Tier- und Pflanzenwelt geschützt werden, die sich in den 40 Jahren der deutschen Teilung entwickelt hat. Das Besondere am Grünen Band ist die Verbindung von Geschichte und Naturschutz und die Verknüpfung von vielen Naturlandschaften in einem durchgehenden Band. Das gibt es sonst nirgendwo auf der Welt. Bald wurde die Idee größer. Heute soll nicht nur die frühere innerdeutsche Grenze unter Naturschutz gestellt werden, sondern die ganze über 8000 Kilometer lange Grenze, die Europa von 1945 bis 1989 vom Eismeer im Norden bis zum Schwarzen Meer im Süden geteilt hat. Ein wirklich großes Projekt.

c Zu welchen markierten Wörtern in den Texten passen die Erklärungen/Beispiele?

Text A/B

1. Ein politisches System mit freien Wahlen, wo man ohne Angst seine Meinung sagen kann.
2. Sie kamen an die Regierung und konnten die Politik diktieren.
3. Orte, an denen Menschen eingesperrt und viele von ihnen getötet wurden.
4. Allen geht es schnell wirtschaftlich besser.

Text C

5. ohne Lücke / an einem Stück
6. Der Versuch, die Natur zu retten
7. Zwei oder mehrere Teile werden ein Ganzes.
8. Die Grenze zwischen der DDR und der BRD

d Lies die Texte genau und schreib dann zu jeder Zahl einen Satz.

1933 • 1939 bis 1945 • 1949 • 1961 • 1989 • 50 Millionen • 6 Millionen • 9. 11. • 1400 • 40 • 8000 • 1945 bis 1989

2 Vor der Vergangenheit: Plusquamperfekt

a Wie steht das in den Texten? Lies vor und ergänze dann das „Denk nach".

1. Die Nazis kamen an die Macht. Sie begannen mit den Vorbereitungen für den Krieg.
2. Der Krieg endete 1945. Von 1939 bis 1945 verloren über 50 Millionen Menschen ihr Leben.
3 Viele Menschen verließen die DDR. Die Regierung baute eine Mauer.
4. In Russland war der Kommunismus zu Ende gegangen. Die DDR-Regierung öffnete die Mauer.

Denk nach

	Plusquamperfekt	Präteritum/Perfekt
Nachdem die Nazis an die Macht	**gekommen waren**,	**begannen** sie den Krieg.
Nachdem ich den Film im Kino	**gesehen …**,	**habe** ich mir das Buch dazu **gekauft**.

b Überlege: Was war zuerst (a oder b) und was kam dann?
Verbinde dann die Sätze mit *nachdem* und benutze das Plusquamperfekt.

1. a) Ich bin ins Schwimmbad gegangen. b) Ich habe meine Hausaufgaben gemacht.
2. a) Marina kam in die Klasse. b) Fred hat Susi verlassen.
3. a) Ich habe genug Geld verdient. b) Ich bin in Urlaub gefahren.
4. a) Wir mussten wieder arbeiten. b) Die Ferien waren zu Ende.
5. a) Stevenson konnte die Eisenbahn erfinden. b) Watt hat die Dampfmaschine erfunden.
6. a) Die Grenze war gefallen. b) Umweltschützer hatten die Idee mit dem „Grünen Band".

1. b) + a) Nachdem ich meine Hausaufgaben gemacht hatte, bin ich …

3 Jugendliche und Geschichte

CD 46

a Du hörst ein Interview mit Madita und Peer. Was haben die Fotos damit zu tun?

Deutsches Geschichtsbuch

Ring der Erinnerung im Grünen Band

Denkmal für die ermordeten Juden Europas in Berlin

Umweltverschmutzung

b Hör das Interview noch einmal. Entscheide beim Hören, ob die Aussagen 1–10 richtig oder falsch sind.

1. Madita interessiert sich nicht für Geschichte. Sie interessiert sich für Umweltschutz.
2. Peer will später mal Geschichte studieren und Lehrer werden.
3. Peer hat schon viel vom „Grünen Band" gehört.
4. Peer interessiert sich nicht sehr für Umweltschutz, aber das „Grüne Band" findet er gut.
5. Madita meint, dass man in „Geschichte" zu viel lesen muss.
6. Madita glaubt, dass man in der Schule mehr Projekte machen müsste.
7. Peer meint, dass gerade in Deutschland der Geschichtsunterricht sehr wichtig ist.
8. Madita weiß, wer Karl V. war.
9. Peer sagt, dass man die Probleme nicht lösen kann, wenn man die Geschichte nicht kennt.
10. Peer und Madita sind einer Meinung, dass sich nicht jeder für das Gleiche interessieren muss.

4 Deutschland und mein Land

Wo gibt es geschichtliche Gemeinsamkeiten? Fragt eure Eltern und Verwandten.

der Krieg beginnt

... kommen an die Macht

Diktatur

die Weltwirtschaftskrise beginnt

das Land ist zerstört

der Euro

der Frieden

der Terroranschlag

Europa

die Grenzen werden geöffnet

die Wirtschaft erholt sich

... eine Demokratie

das Land ist geteilt

der Krieg ist zu Ende

Projekt: drei Vorschläge

1. Das „Grüne Band aktuell" – Welche neuen Informationen gibt es?
2. Drei Persönlichkeiten aus der Geschichte von Österreich, Deutschland und der Schweiz: Martin Luther – Kaiserin Maria Theresia – Wilhelm Tell

3. Was ein Ausländer über mein Land wissen sollte.

Tod im grünen Band

von Christian Baumgarten
und Volker Borbein
illustriert von Josef Fraško

1 **Vorbereitung**

Sieh dir die Bilder an und beschreib die Szenen.

2 **Teil 1**

a Lies bis Zeile 22 und notiere die Hauptpersonen.

Es ist ein warmer Samstagabend im Juli. Die Kirmes in Witzenhausen ist in vollem Gang. Die Wahl der Kirschkönigin beginnt bald. Besucher des Festes haben sich im großen Festzelt versammelt. Eine Musikkapelle spielt. Dagmar und Edgar Held tanzen. Sie lassen keinen Tanz aus. Sie genießen den Abend. Beide sind glücklich.

Die Blasmusik macht eine Pause. Edgar bringt seine Frau an den Tisch des Schützenvereins zurück.

Ein dunkelhaariger, dicker, älterer Mann winkt Edgar Held zu.

„Entschuldige bitte, Dagmar, ich bin gleich zurück."

Edgar geht auf den Mann zu.

„Bring die Ware weg. Sofort. Die Zeit drängt. Sei vorsichtig, niemand darf dich sehen", sagt der dicke Mann herrisch.

„Das ist das letzte Mal. Wenn das rauskommt, bin ich dran und nicht du! Ich will die doppelte Summe in bar, noch heute Abend!"

„Ich werde das bezahlen, was du verdienst!"

Edgar geht an den Tisch zurück. Er nimmt seine Frau beiseite.

„Ich muss dringend weg. Frag jetzt nicht, warum. Ich erzähle es dir später."

Er gibt seiner Frau einen Abschiedskuss.

Dagmar sieht, wie ihr Mann mit dem Fremden das Festzelt verlässt.

b Stellt Vermutungen an: Warum muss Edgar Held weggehen? Was hat er vor?

Ich glaube, dass ...	etwas Kriminelles vorhaben
Vielleicht ...	etwas Ungesetzliches tun
Es kann sein ...	erpresst werden
	schmuggeln / Schmuggler

c Schreibt Frau Helds Gedanken auf.

3

Teil 2

a Lies nun bis Zeile 43.

Was ist die Geschichte von Frau Held und Wolfgang Müller?
Stellt euch vor, Herr Edgar Held kommt zurück ins Zelt.
Spielt die Szene zwischen ihm und Wolfgang Müller.

„Darf ich dich um den nächsten Tanz bitten?“

Erstaunt dreht sich Dagmar um.

„Ich glaube es nicht! Du hier in Witzenhausen?“

„Wie du siehst“, antwortet Wolfgang Müller, „ich wollte dich unbedingt wiedersehen. Ich habe dich nie vergessen. Ich habe immer an dich gedacht.“

Dagmar wird rot. Vor Jahren hatte sie eine Beziehung mit ihm. Wolfgang war unglaublich eifersüchtig. Die Beziehung ging auseinander. Die Trennung war dramatisch. Es gab einen heftigen Streit. Wolfgang schwor damals Rache.

„Das wirst du noch bereuen, tief bereuen. Mich lässt man nicht sitzen!“ Mehr sagte er nicht. Dann verschwand er aus Witzenhausen.

„Nein! Ich tanze nicht mit dir. Lass mich in Ruhe! Mein Mann kann jeden Augenblick zurückkommen.“

„Das glaube ich nicht“, erwidert Wolfgang. „Ich bin sicher, dass dein Mann nicht wiederkommt!“

Wolfgang setzt sich ganz dicht neben Dagmar. Erinnerungen kommen in ihr hoch, unangenehme Erinnerungen. Sie versucht alles, damit Wolfgang das Zelt verlässt. Endlich steht er auf. Bevor er weggeht, sagt er mit leiser, drohender Stimme: „Ich kriege doch noch, was ich haben will. Denke daran!“

Gegen Mitternacht verlässt Dagmar mit den Schützenfrauen das Fest. Kirschwein, Kirschschnaps und Bier haben sie schläfrig gemacht. Zuhause angekommen, geht sie sofort ins Bett.

Am nächsten Morgen wacht sie sehr früh auf.

Sie fasst neben sich. Das Bett ist leer.

Sie steht auf und sieht nach, ob ihr Mann im Wohnzimmer schläft. Er ist nicht da.

Das Telefon klingelt. „Endlich rufst du an. Wo bist du, Schatz?“

b Diskutiert: Wo kann Edgar Held sein?

4

Teil 3

a Lies bis Zeile 67 . Welche Bilder passen zum Text?

„Nein, ich bin es, Bernhard. Kann ich Edgar sprechen? Gleich beginnt das Königsschießen. Wir zählen auf deinen Mann. Er hat dieses Mal die besten Chancen, Schützenkönig zu werden.“

„Halt, halt. Edgar ist weg. Er ist nicht nach Hause gekommen.“

„Weg? Ich habe ihn doch gestern Abend auf dem Fest gesehen.“

„Wann?“

„ Gegen 21 Uhr. Er ist mit einem Festbesucher weggegangen. Keiner von hier, ein Fremder. Dein Mann schläft bestimmt bei seiner Mutter seinen Rausch aus. Mach dir keine Sorgen.“

Dagmar denkt an die Drohung von Wolfgang. „Ich kriege doch noch, was ich haben will“.

Dagmar telefoniert herum. Ohne Erfolg. Niemand hat Edgar gesehen. Sein kleiner LKW bleibt genauso verschwunden wie er. Dagmar hat Angst. Sie ruft die Polizei an. Edgar ist nicht aufzufinden. Die Stunden vergehen. Es wird Abend. Dagmar ist verzweifelt. Immer und immer wieder stellt sie sich die Frage, wo ihr Mann sein könnte. Sie versucht, sich an alle Orte zu erinnern, wo sie mit ihrem Mann gewesen ist und wo er gearbeitet hat. Mitten in der Nacht erinnert sie sich an ein Gespräch mit ihm. Es war von einem Bunker im Wald die Rede. Der alte Bunker in der Todeszone, an der ehemaligen Grenze. Die Leute meiden diese Gegend. Sie ist immer noch gefährlich. Man vermutet hier Minen. Die Minen sollten Menschen damals daran hindern, in die Bundesrepublik Deutschland, in den „Westen“ zu fliehen.

b „Dagmar telefoniert herum“: Schreibt und spielt die Telefonate: mit der Mutter, mit der Polizei, mit einer Freundin.

5

Teil 4

a Lies nun den Schluss.

Am frühen Morgen des neuen Tages macht sich Dagmar auf den Weg. Die Natur erwacht. Tiere kreuzen ihren Weg. Der Dachs verschwindet in seinem Bau. Der Fuchs beobachtet sie. Ein Bussard zieht seine Runden. Für einen Augenblick glaubt sich Dagmar in einem Märchen.

Dagmar steigt den Berg hoch und blickt auf die erwachende Kleinstadt. In der Ferne sieht sie die Burgen Hanstein und Ludwigstein. Die ehemalige Grenze wird sichtbar. Ein breites, grünes Band zieht sich durch die Landschaft. Ein Schild warnt: „Betreten strengstens verboten. Naturschutzgebiet!“ Dagmar spürt die Pflastersteine des alten Grenzwegs unter ihren Füßen. Sie entdeckt den Bunker. Vor dem Eingang steht ein ausgebrannter Kleinlaster. Dagmar Held hat nicht den Mut, genauer hinzusehen. Sie nimmt ihr Handy.

Kurze Zeit später ist die Polizei vor Ort.

b Dagmar schaut nicht genau hin. Schreib ihre Gedanken auf.

c Die Polizei befragt Dagmar. Schreib mögliche Fragen auf.

Lies die Zeitungsmeldung.

DAS WERRATAL

Rätselhafter Tod im Bunker

Am Montagmorgen wurde die Leiche des Transportunternehmers Edgar H. im Bunker auf dem Johannisberg aufgefunden. In dem Bunker fand die Polizei Fässer mit Giftmüll. Die Polizei vermutet, dass der Unternehmer den Giftmüll illegal entsorgt hat. Eine zweite Leiche konnte noch nicht identifiziert werden.

d Einen Tag später ist auch die zweite Leiche identifiziert und eine Person wurde verhaftet. Der Fall ist gelöst. Aber wie? Erfindet ein Ende und schreibt den Zeitungsartikel oder macht eine Radioreportage.

Training 7

1 Sprechen üben: deutlich sprechen

a Sieh die Bilder genau an. Wer spricht wahrscheinlich verständlicher? Warum?

b Leise und deutlich sprechen – Die Flüsterpost

- Ein Schüler / Eine Schülerin schreibt einen Satz auf einen Zettel.
- Dann flüstert er/sie den Satz dem/der Nächsten ins Ohr.
- Ihr müsst ganz leise sprechen, damit die anderen es nicht hören können, aber auch ganz deutlich, damit der/die Nächste den Satz versteht.
- Ihr dürft jedes Wort nur einmal sprechen.
- Der/Die Letzte in der Reihe sagt das, was er/sie verstanden hat, laut. Ist es dasselbe wie am Anfang?

CD 47 **c Hört den Dialog und sprecht ihn zu dritt.**

d Laut sprechen – Stellt euch in drei Ecken im Raum und sprecht den Dialog laut.

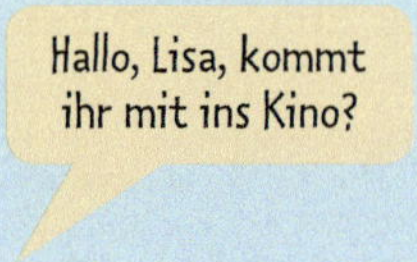

▶ Hallo, Lisa, kommt ihr mit ins Kino?
▷ Hallo, Alex, tut mir leid, ich habe keine Zeit.
▶ Ich muss auch noch für Geschichte lernen, aber dann ...
▶ Prima, sollen wir zusammen lernen?
▷ Ja, da mache ich auch mit, kommt ihr zu ...
▶ Wir können bei mir lernen.
▶ Oder ihr kommt beide zu mir, Simon kommt auch.
▷ Simon kommt auch? Einverstanden.
▶ Ich komme auch.

2 Sprechen: fragen und antworten

a Fragt und antwortet in der Klasse.

Thema: Ferien und Reisen
- Wo warst du im letzten Urlaub? Erzähle.
- Was machst du in den Ferien? Beschreibe einen typischen Ferientag.
- Wohin fährst du in den nächsten Ferien? Erzähle.
- Was machst du da?
- Wo machst am liebsten Urlaub: am Meer, in der Stadt oder in den Bergen? Warum?

b Gruppenphase 1:
Jede Gruppe wählt ein Thema (1–6) und formuliert fünf Fragen, zu denen man etwas länger sprechen kann.

1. Freizeit (Film, Bücher, Musik, Hobbys …)
2. Familie (Geschwister, Großeltern, Haushalt, Familienfeste …)
3. Umwelt (Energiesparen, Mülltrennung, Projekte, Engagement …)
4. Schule (Tagesablauf, Freunde, Lieblingsfach, Projekte, Prüfungen …)
5. Computer (Internet, Spiele, Hausaufgaben, Kurse …)
6. Kleidung/Mode (Einkaufen, Markenartikel, Aussehen …)

Kannst du etwas über die letzten drei Filme sagen, die du gesehen hast?

c Gruppenphase 2:
Bildet neue Gruppen. Jede/r vertritt das eigene Thema aus der Gruppenphase 1 und stellt jedem Mitglied von der neuen Gruppe eine Frage.
Das Mitglied der neuen Gruppe beantwortet die Frage.

3 Hören

CD 48–52

Was möchtest du nach der Schule machen?

Die Schüler der Abschlussklasse unterhalten sich darüber, was sie nach der Schule machen möchten.
Du hörst gleich fünf kurze Aussagen von Schülern.
Lies zuerst die Liste mit den verschiedenen Plänen (A–H).
Du hast dafür 30 Sekunden Zeit.

Notiere beim Hören zu jedem Namen den richtigen Buchstaben (A–H).
Einige Buchstaben bleiben übrig.
Du hörst die Aussagen einmal. Zuerst hörst du ein Beispiel, Lukas berichtet.
Lukas hat die Nummer 0. Die Lösung ist Z.

- **Z** Eine Europareise machen
- **A** Eine Ausbildung beginnen
- **B** Sofort ein Studium beginnen
- **C** Ein Praktikum machen
- **D** Mit Freunden eine Reise machen
- **E** Ausruhen
- **F** Jobben
- **G** In eine andere Stadt umziehen
- **H** Als Au-pair arbeiten

Aufgabe	Name	Buchstabe
0	Lukas	
1	Sabrina	
2	Mezut	
3	Lira	
4	Jakob	

Lukas: Z

Training 7

4 Lesen – E-Mails verstehen

Wer hat die E-Mail geschrieben?
Unten findest du acht kurze E-Mails von Schülern. Lies die Aufgaben 1–4 und die E-Mails A–H.
Welche E-Mail passt zu wem?

1. Karl hat mit seiner Freundin gestritten.
2. Viktoria will in den Ferien in Leipzig arbeiten.
3. Martin ist krank und kann deshalb nicht zum Fußballspiel kommen.
4. Birte weiß nicht, wie sie ihr Referat schreiben soll.

A

Liebe Michi,
suchst du immer noch nach einem Ferienjob? Wollen wir zusammen ein Praktikum in einem Kindergarten machen? Ich habe ein Angebot in Leipzig gefunden. Hättest du Lust dazu?
Liebe Grüße

B

Hallo, …,
na, bist du mit deinem Text schon fertig? Ich habe keine Ideen … Wie viel muss ich denn schreiben? Geschichte war nie mein Ding. Ich brauche deine Hilfe. Ruf mich bitte an.

C

Hallo, ihr alle!
Kann mir jemand für morgen einen Rucksack leihen? Ich will ja nicht mit einem Koffer den Ausflug machen. Antwortet bitte möglichst schnell, sonst muss ich nach einer anderen Lösung suchen. Bis dann!

D

Lieber …,
ich war gestern nicht da, weil Sabine wieder Stress gemacht hat. Sie will, dass ich mit ihr einen Tanzkurs mache. Sie wollte nicht nachgeben und hat die ganze Zeit rumgeschrien … Dann hatte ich keine Lust mehr auf die Party…

E

Hallo zusammen,
ich finde, wir haben uns lange nicht mehr gesehen. Wollen wir am Freitag zusammen ins Kino gehen? Und dann wie immer etwas bei Vincento essen?
Viele Grüße

F

Hi, …,
hatte eben schon wieder kein Glück mit deinem Telefon. Oder bist du schon weg?
Ich hoffe, dass bei dir alles in Ordnung ist. Ich glaube, ich werde gerade krank.
Alles Liebe und hoffentlich doch bis bald

G

Hallo, Jungs,
ich liege mit Fieber und Husten im Bett. Mich hat die Grippe erwischt und ich kann morgen nicht nach Hannover kommen. Das tut mir sehr leid. Ihr werdet aber sicher das Spiel auch ohne mich gewinnen.
Viel Glück!

H

Hallo, …,
du kannst das Fahrrad immer noch haben. Es steht noch bei Peter. Du kannst es dir gern dort anschauen, Dresdner Wasserweg 64. Seine Telefonnummer ist 31796. Wir können uns auch in Leipzig am Hauptbahnhof treffen und zusammen zu ihm fahren. Melde dich dann bei mir.
Gruß …

5 SCHWERPUNKT: Schreiben – Bewerbungsschreiben

a Schau dir das Layout des Bewerbungsschreibens an. Ordne 1–8 und A–I zu.

1 Anlagen
2 deine Adresse
3 Abschluss
4 Einleitung
5 Hauptteil
6 Anrede
7 Adresse der Firma
8 Grußformel

A
Sebastian Wolf
Maierstraße 7
67112 Mutterstadt
Tel.: 0 30/56 34 12
E-Mail: wolf@muster.de

B
Optimus GmbH
Franz Schulz
Pfalzring 20
67112 Mutterstadt

C

Mutterstadt, 1. 9. 20…

Bewerbung um einen Praktikantenplatz

D
Sehr geehrter Herr Schulz,

E
in der „Rheinpfalz" vom 30./31. August habe ich gelesen, dass Sie Praktikanten in Informatikberufen suchen. Hiermit bewerbe ich mich um einen Praktikantenplatz als Programmierer.

F
Derzeit besuche ich das Carl-Bosch-Gymnasium in Ludwigshafen, das ich im nächsten Jahr mit dem Abitur beenden werde. In der Schule interessieren mich besonders die Fächer Englisch, Mathematik und Informatik. Einen großen Teil meiner freien Zeit verbringe ich am Computer und mit der Reparatur technischer Geräte.
Ich habe bereits einige Kurse für Programmieren besucht. Dort habe ich die neuesten Methoden kennengelernt und konnte diese in die Praxis umsetzen. Ich möchte mich in diesem Bereich weiterentwickeln.

G
Über die Einladung zu einem Vorstellungsgespräch würde ich mich sehr freuen.

H
Mit freundlichen Grüßen

Sebastian Wolf

I
Anlagen:
Zeugniskopie Klasse 11
Lebenslauf
Praktikumsbescheinigungen

b Überlege, was für ein Praktikum du gerne machen würdest. Welche Formulierungen aus dem Muster kannst du für deinen Bewerbungsbrief brauchen?

c Sammle deine Stärken und Erfahrungen. Beachte die drei Fragen.

1. Warum bewerbe ich mich?
2. Wie bin ich?
3. Was kann ich?

Interesse – Erfahrungen sammeln
… kreativ – teamfähig – fleißig …
Deutsch – Computer – Fußball …

d Du möchtest einen Praktikumsplatz finden.

In der Zeitung hast du gelesen, dass eine Firma in einem für dich interessanten Beruf Praktikanten sucht. Schreib an die Firma. Schreib über folgende Punkte an Herrn Mohr von der Personalabteilung:

- Grund für dein Schreiben
- Schule
- Hobbys/Interessen
- Sprachkenntnisse

Für mein Portfolio

Was ich von meiner Schulzeit in Erinnerung behalten werde.

Liste der unregelmäßigen Verben

In dieser Liste findest du alle unregelmäßigen Verben aus **prima**. Wir haben aber meistens Verben ohne Vorsilben aufgenommen. Die Formen der Verben mit Vorsilben findest du bei den jeweiligen Verben.

Beispiele: vorlesen ⇨ lesen; versprechen ⇨ sprechen; bekommen ⇨ kommen

Infinitiv	**Präsens – 3. Pers. Sg. er/es/sie**	**Präteritum – 3. Pers. Sg. er/es/sie**	**Perfekt – 3. Pers. Sg. er/es/sie**
abhauen	haut ab	haute ab	**ist** abgehauen
auftreten	tritt auf	trat auf	**ist** aufgetreten
backen	bäckt/backt	backte/buk	hat gebacken
beginnen	beginnt	begann	hat begonnen
beißen	beißt	biss	hat gebissen
betreten	betritt	betrat	hat betreten
betrügen	betrügt	betrog	hat betrogen
beweisen	beweist	bewies	hat bewiesen
sich bewerben	bewirbt sich	bewarb sich	hat sich beworben
bewerfen	bewirft	bewarf	hat beworfen
bieten	bietet	bot	hat geboten
bitten	bittet	bat	hat gebeten
bleiben	bleibt	blieb	**ist** geblieben
brechen	bricht	brach	hat/**ist** gebrochen
brennen	brennt	brannte	hat gebrannt
bringen	bringt	brachte	hat gebracht
denken	denkt	dachte	hat gedacht
dürfen	darf	durfte	hat gedurft / hat dürfen
einladen	lädt ein	lud ein	hat eingeladen
eintauchen	taucht ein	tauchte ein	**ist** eingetaucht
empfangen	empfängt	empfing	hat empfangen
empfehlen	empfiehlt	empfahl	hat empfohlen
entscheiden	entscheidet	entschied	hat entschieden
erwachen	erwacht	erwachte	**ist** erwacht
essen	isst	aß	hat gegessen
fahren	fährt	fuhr	hat/ist gefahren
fallen	fällt	fiel	**ist** gefallen
finden	findet	fand	hat gefunden
fliegen	fliegt	flog	**ist** geflogen
fliehen	flieht	floh	**ist** geflohen
fließen	fließt	floss	**ist** geflossen
fressen	frisst	fraß	hat gefressen
frieren	friert	fror	hat/**ist** gefroren
geben	gibt	gab	hat gegeben
gefallen	gefällt	gefiel	hat gefallen
gehen	geht	ging	**ist** gegangen
genießen	genießt	genoss	hat genossen
gewinnen	gewinnt	gewann	hat gewonnen
haben	hat	hatte	hat gehabt
halten	hält	hielt	hat gehalten

Infinitiv	Präsens – 3. Pers. Sg. er/es/sie	Präteritum – 3. Pers. Sg. er/es/sie	Perfekt – 3. Pers. Sg. er/es/sie
hängen	hängt	hing	hat gehangen
heißen	heißt	hieß	hat geheißen
helfen	hilft	half	hat geholfen
kennen	kennt	kannte	hat gekannt
kommen	kommt	kam	**ist** gekommen
können	kann	konnte	hat gekonnt / hat können
lassen	lässt	ließ	hat gelassen / hat lassen
laufen	läuft	lief	**ist** gelaufen
leiden	leidet	litt	hat gelitten
leihen	leiht	lieh	hat geliehen
lesen	liest	las	hat gelesen
liegen	liegt	lag	hat gelegen
meiden	meidet	mied	hat gemieden
mögen	mag	mochte	hat gemocht / hat mögen
müssen	muss	musste	hat gemusst / hat müssen
nehmen	nimmt	nahm	hat genommen
nennen	nennt	nannte	hat genannt
raten	rät	riet	hat geraten
reiten	reitet	ritt	**ist** geritten
rennen	rennt	rannte	**ist** gerannt
riechen	riecht	roch	hat gerochen
rufen	ruft	rief	hat gerufen
runterladen	lädt runter	lud runter	hat runtergeladen
scheinen	scheint	schien	hat geschienen
scheitern	scheitert	scheiterte	**ist** gescheitert
schlafen	schläft	schlief	hat geschlafen
schließen	schließt	schloss	hat geschlossen
schmelzen	schmilzt	schmolz	hat/**ist** geschmolzen
schneiden	schneidet	schnitt	hat geschnitten
schreiben	schreibt	schrieb	hat geschrieben
schreien	schreit	schrie	hat geschrien
schwimmen	schwimmt	schwamm	hat/**ist** geschwommen
schwingen	schwingt	schwang	hat/**ist** geschwungen
schwören	schwört	schwor	hat geschworen
sehen	sieht	sah	hat gesehen
sein	ist	war	**ist** gewesen
singen	singt	sang	hat gesungen
sitzen	sitzt	saß	hat gesessen
sollen	soll	sollte	hat gesollt / hat sollen
spinnen	spinnt	spann	hat gesponnen
sprechen	spricht	sprach	hat gesprochen
springen	springt	sprang	**ist** gesprungen
stehen	steht	stand	hat gestanden
steigen	steigt	stieg	**ist** gestiegen
sterben	stirbt	starb	**ist** gestorben
streiten	streitet	stritt	hat gestritten
tragen	trägt	trug	hat getragen

Infinitiv	Präsens – 3. Pers. Sg. er/es/sie	Präteritum – 3. Pers. Sg. er/es/sie	Perfekt – 3. Pers. Sg. er/es/sie
treffen	trifft	traf	hat getroffen
treiben	treibt	trieb	hat getrieben
trinken	trinkt	trank	hat getrunken
tun	tut	tat	hat getan
verbinden	verbindet	verband	hat verbunden
vergessen	vergisst	vergaß	hat vergessen
vergleichen	vergleicht	verglich	hat verglichen
verlieren	verliert	verlor	hat verloren
verraten	verrät	verriet	hat verraten
verschwinden	verschwindet	verschwand	**ist** verschwunden
waschen	wäscht	wusch	hat gewaschen
werden	wird	wurde	**ist** geworden
werfen	wirft	warf	hat geworfen
wiegen	wiegt	wog	hat gewogen
wissen	weiß	wusste	hat gewusst
wollen	will	wollte	hat gewollt / hat wollen
ziehen	zieht	zog	hat gezogen

Verben mit Präpositionen

ändern	an	An dieser Situation kann man etwas ändern.
denken	an	Ich denke oft an meine Zukunft.
sich erinnern	an	Franziska kann sich nicht an den Film erinnern.
sich gewöhnen	an	Ich habe mich an den Lärm gewöhnt.
glauben	an	Kinder glauben an den Osterhasen.
liegen	an	Es liegt am Wetter, dass ich Kopfschmerzen habe.
teilnehmen	an	Ich nehme auch an dem Projekt teil.
achten	auf	Sebastian achtet sehr auf sein Aussehen.
ankommen	auf	Das kommt darauf an.
antworten	auf	Antworte bitte auf meine Frage.
aufpassen	auf	Du musst besser auf deinen Hund aufpassen.
sich beziehen	auf	Ich beziehe mich auf Ihren Brief vom 23. März.
sich freuen	auf	Wir freuen uns auf die Ferien.
hoffen	auf	Wir hoffen auf einen schönen Sommer.
kommen	auf	Wie bist du auf diesen Vorschlag gekommen?
sich konzentrieren	auf	Ich will mich ganz auf mein Studium konzentrieren.
reagieren	auf	Wir müssen schnell auf seine Frage reagieren.
stellen	auf	Stell den Schalter auf die Stufe 3.
sich verlassen	auf	Du kannst dich auf mich verlassen.
verzichten	auf	Viele Jugendliche würden für die Umwelt auf etwas verzichten.
sich vorbereiten	auf	Wir müssen uns auf den Test vorbereiten.
warten	auf	Fabian wartet auf seinen Vater.
wirken	auf	Er wirkt auf mich sympathisch und kompetent.
bestehen	aus	Ein Triathlon besteht aus Schwimmen, Fahrradfahren und Laufen.
sich zusammensetzen	aus	‚Bionik' setzt sich aus ‚Biologie' und ‚Technik' zusammen."
ersetzen	durch	Wir müssen Herrn Tilp durch einen anderen Lehrer ersetzen.
ausgeben	für	Ich gebe viel Geld für Kosmetik aus.
sich einsetzen	für	Manche Jugendliche setzen sich aktiv für den Klimaschutz ein.
sich engagieren	für	Ich engagiere mich für das Jugendtheater in unserer Stadt.
sich entscheiden	für	Sie hat sich für den billigeren Rock entschieden.
sich entschuldigen	für	Ich entschuldige mich für diesen Fehler.
halten	für	89 % halten den ‚Klimawandel' für das Top-Thema.
sich interessieren	für	Junge Menschen interessieren sich wenig für Politik.
kämpfen	für	Seitdem kämpft sie für die Anerkennung ihrer Sportart.
stimmen	für	Viele stimmten für den neuen Plan.
tun	für	Das Interesse, selbst etwas für den Klimaschutz zu tun, ist groß.
sich durchsetzen	gegen	Du musst dich gegen deine Schwester durchsetzen.
kämpfen	gegen	Wir müssen gegen Rassismus und Intoleranz kämpfen.
protestieren	gegen	10000 Schüler protestierten gegen die Schulpolitik der Regierung.
stimmen	gegen	Einige stimmten gegen den Plan.
tun	gegen	Du solltest etwas gegen deine Erkältung tun.
investieren	in	Der Staat sollte mehr in erneuerbare Energien investieren.

Liste der Verben mit Präpositionen

anfangen	mit	Wann fängst du mit der Arbeit an?
aufhören	mit	Hör endlich mit dem Gejammer auf!
beginnen	mit	Wann beginnst du mit deiner Arbeit?
sich beschäftigen	mit	Die Philosophie beschäftigt sich mit der Frage nach dem „Warum".
besprechen	mit	Georg bespricht das Problem mit seiner Freundin.
führen	mit	Wir haben ein Interview mit einem Lehrer geführt.
mischen	mit	Man mischt Mehl und Backpulver mit Eiern und Zucker.
rechnen	mit	Ich habe schon nicht mehr mit dir gerechnet.
schimpfen	mit	Bitte schimpf nicht mit mir! Ich kann nichts dafür!
sprechen	mit	Mit wem sprichst du?
sich streiten	mit	Er streitet sich oft mit ihr.
telefonieren	mit	Er telefoniert oft mit Jitka.
sich treffen	mit	Heute treffen wir uns mit guten Freunden.
verbinden	mit	Können Sie mich bitte mit dem Sekretariat verbinden?
vergleichen	mit	Vergleiche die Schulen in deinem Land mit denen in Deutschland.
sich verstehen	mit	Sie versteht sich gut mit ihm.
zusammenarbeiten	mit	Regina Halmich arbeitet mit Jugendprojekten zusammen.
fragen	nach	Yvonne hat dich nach deinen Plänen für die Zukunft gefragt.
riechen	nach	Hier riecht es nach deinem Parfüm.
rufen	nach	Er rief nach dem Kellner, aber der kam nicht.
schmecken	nach	Dieses Eis schmeckt nach Apfel.
sehen	nach	Ich sehe mal schnell nach dem Kuchen im Ofen.
sich ärgern	über	Ich ärgere mich über intolerante Menschen.
beraten	über	Wir müssen uns über diesen Plan beraten.
berichten	über	Der Polizist berichtet über den Unfall.
sich beschweren	über	Er beschwerte sich über den Lärm.
diskutieren	über	Sie diskutieren immer über dasselbe Problem.
sich freuen	über	Fredo freut sich über jeden Sieg vom 1. FC Köln.
sich informieren	über	Ich lese Zeitung, um mich über die Politik zu informieren.
lächeln	über	Sie lächelt über den Witz.
lachen	über	Die Leute lachen über den Clown.
nachdenken	über	Ich habe lange über den Vorschlag nachgedacht.
sich bewerben	um	Ich habe mich um einen neuen Job beworben.
bitten	um	Sophie bittet ihre Freundin um einen Tipp.
gehen	um	In diesem Buch geht es um einen bekannten Mann.
sich handeln	um	Ich möchte Sie sprechen. Es handelt sich um den neuen Job.
sich kümmern	um	In vielen Familien kümmern sich die Frauen um den Haushalt.
leiden	unter	Unter dem hohen Energieverbrauch leidet auch die Umwelt.
sich erholen	von	Sie hat sich gut von dem Unfall erholt.
erzählen	von	Eine Wissenschaftlerin hat mir von ihrem Beruf erzählt.
halten	von	Schreib, was du von der Idee hältst.
handeln	von	Der Film handelt von einem Pianisten, der das KZ überlebt hat.
hören	von	Ich habe schon viel von Ihnen gehört.

reden	von	Alle reden nur noch von diesem Film.
träumen	von	Ich träume von der Zukunft.
sich trennen	von	Du solltest dich von ihm trennen.
sich unterscheiden	von	Er unterscheidet sich stark von seinem Vater.
sich verabschieden	von	So, jetzt muss ich mich von dir verabschieden.
wissen	von	Weißt du schon von unserem Plan?
sich fürchten	vor	50 % der Jugendlichen fürchten sich vor der Klimaerwärmung.
schützen	vor	Diese Jacke schützt vor dem Regen.
warnen	vor	Ich warne dich vor diesem Mann.
reden	über	Ich will nicht immer nur über Lehrer reden.
schimpfen	über	Sie schimpfte über den Lärm.
sprechen	über	Ich spreche fast nie über Politik.
streiten	über	Wir streiten oft über Kleinigkeiten.
einladen	zu	Der Präsident hat 1000 Journalisten zum Pressefest eingeladen.
sich entwickeln	zu	Er hat sich zu einem guten Schüler entwickelt.
führen	zu	Diese Diskussion führt zu keinem Resultat.
gehören	zu	Gehörst du auch zu dieser Klasse?
gratulieren	zu	Ich gratuliere dir zum Geburtstag.
kommen	zu	Wegen des Nebels kam es zu vielen Unfällen.
meinen	zu	Was meinst du zu meinem Vorschlag?
passen	zu	Welche Fähigkeiten von Ihnen passen zu diesem Beruf?
wählen	zu	Michaela Koenig wurde gestern zur Kirschkönigin gewählt.

Deine Wörter

Diese Wortliste enthält den **Lernwortschatz** von ***prima B1***, nach Einheiten aufgebaut und innerhalb der Einheiten alphabetisch geordnet. Hinter jedem Wort stehen die Seitenzahl und die Nummer der Übung, wo das Wort zum ersten Mal vorkommt. Bei Nomen sind der Artikel und der Plural angegeben. Bei Nomen, die man im Plural nicht oder nur selten verwendet, steht „nur Sg.". Nomen mit der Angabe „nur Pl." verwendet man nicht oder nur selten im Singular.

Bei unregelmäßigen Verben stehen neben dem Infinitiv auch die 3. Person Sg. Präsens, die 3. Person Sg. Präteritum und die 3. Person Sg. Perfekt. Trennbare Präfixe sind *kursiv* markiert. Ein . und ein _ unter dem Wort zeigt den Wortakzent: a = kurzer Vokal, a = langer Vokal. Die alphabetische Gesamtliste mit dem kompletten Wortschatz des Lehrwerks Prima (Bände 1–5) findest du im Internet unter www.cornelsen.de.

Einheit 1

die Anerkennung, nur Sg. 7/2a ....
AIDS, nur Sg. 9/5a ....
die Stelle, -n 9/4b ....
- **an erster Stelle** 9/4b ....

die Apartheid, nur Sg. 9/5a ....
bestbezahlt 7/2a ....
beachten 9/5d ....
bekämpfen 9/5a ....
bekannt 7/2a ....
die Boxerin, -nen 7/2a ....
das Bündnis, -se 7/2a ....
das Bürgerkind, -er 7/2a ....
die Designerin, -nen 7/2a ....
sich *durch*setzen gegen 7/2a ....
eigen- 7/2a ....
die Eiscreme, nur Sg. 7/2a ....
das Engagement, nur Sg. 7/2a ....
der Erfolg, e 7/2a ....
die Erfolgsgeschichte, -n 7/2a ....
der/die Erwachsene, -n 7/2a ....
der Fan, -s 7/2a ....
das Gefängnis, -se 9/5a ....
hintereinander 7/2a ....
die Hoffnungslosigkeit, nur Sg. 7/2a ....
immerhin 7/2a ....
intolerant 8/3c ....
das Idol, -e 7/2a ....
der Kampf, "-e 7/2a" ....
kämpfen für/gegen 7/2a ....
die Konkurrenz, die, nur Sg. 7/2a ....
sich kümmern um 8/3c ....
das Model, -s 7/2a ....
der Moderator, Moderatoren 7/2a ....
mutig 8/4a ....
der Nobelpreis, -e 6/1d ....
plötzlich 7/2a ....
populär 7/2a ....
der Rassismus, nur Sg. 9/5a ....
das Selbstvertrauen, nur Sg. 7/2a ....
seitdem 7/2a ....
schwärmen (für/von) 7/2a ....
....
der Sieg, -e 8/3c ....
das Straßenkind, -er 7/2a ....
tot 6/1d ....
der TV-Zuschauer, - 7/2a ....
überraschend 7/2d ....
überrascht 7/2d ....
das Vorbild, -er 6/Einstieg ....
der Vorurteil, -e 7/2a ....
die Wahl, die, -en 7/2a ....
der Zeitungsartikel, - 7/2a ....

Einheit 2

das Altenheim, -e 10/1b ....
....
die Altenpflege, nur Sg. 11/2a ....
der/die Altenpfleger/in, -/-nen 11/2a ....
....
der Anwalt, "-e 10/1b ....
die Anwältin, -nen 10/1b ....
die Anwaltskanzlei, -en 11/2a ....
das Arbeitsleben, nur Sg. 13/5a ....
die Architektur, -en 11/2a ....
bauen 10/1b ....
bedienen 10/1b ....

beraten, berät, beriet, hat beraten 10/1b ....
die Berufsberatung, -en 13/5d ....
....
erforschen 11/2a ....
die Forscherin, -nen 11/2a ....
die Forschung, -en 10/1b ....
der Fragebogen, - 13/4 ....
früher 11/2a ....
die Gärtnerin, -nen 11/2a ....
das Gebäude, - 10/1b ....
das Gerät, -e 13/5a ....
- **gut bezahlt** 11/2a · ....
- **gut gelaunt** 13/5a · ....

die Hand, ''-e 11/2a ....
- **mit den Händen arbeiten** 11/2a · ....

der Haushalt, -e 13/5a ....
installieren 13/5a ....
das Institut, -e 11/2a ....
interviewen 13/5c ....
der Jurist, -en 11/2a ....
kreativ sein 10/1b ....
der Kunde, -n 10/1b ....
liebst- 13/5a ....
das Musikinstrument, -e 13/5a ....
nahe 12/3b ....
nähen 13/5a ....
pflanzen 10/1b ....
pflegen 10/1b ....
der Rechtsanwalt, ''-e 11/2a ....
renovieren 10/1b ....
selbständig arbeiten 11/a ....
schneiden, schneidet, schnitt, hat geschnitten 13/5a ....
der Schulabschluss, ''-e 13/5a ....
die Stärke, -n 13/5 ....
das Studium, Studien 12/3c ....
***um*gehen (mit etwas/ jemandem), geht um, ging um, ist umgegangen** 13/5d ....
....
untersuchen 10/1b ....
verschreiben, verschreibt, verschrieb, hat verschrieben 10/1b ....
der Vertrag, ''-e 10/1b ....
vertreten, vertritt, vertrat, hat vertreten 10/1b ....
das Weltall, nur Sg. 11/2a ....
die Wissenschaft, -en 10/1b ....
der Wissenschaftler, - 11/2a ....
die Wissenschaftlerin, -nen 11/2a ....

Einheit 3

***auf*hängen, hängt auf, hing auf, hat aufgehängt** 17/Projekt ....
darum 16/4a ....
denken (an), denkt, dachte, hat gedacht 16/4a ....
deswegen 16/4a ....
der Doktor, Doktoren 17/Projekt ....
entweder ... oder 17/5a ....
das Geschichtsbuch, ''-er 17/5a ....
ich bin mir sicher 16/4a ....
irgendwann 16/4a ....
intelligent 14/1a ....
die Karriere, -en 16/4a ....
- **Karriere machen** 16/4a · ....

das Klassenposter, - 14/1a ....
der Klassenraum, ''-e 17/Projekt ....
sich konzentrieren (auf) 3/16 ....
das Lyzeum, Lyzeen 16/4a ....
die Medizin, nur Sg. 15/3a ....
***mit*fahren, fährt mit, fuhr mit, ist mitgefahren** 15/2b ....
das Modell, -e 16/4a ....
der Pilot, -en 15/3a ....
die Pilotin, -nen 15/3a ....
die Präsentation, -en 17/Projekt ....
der Psychologe, -n 16/4a ....
die Psychologin, -nen 16/4a ....
die Psychologie, nur Sg. 16/4a ....
sicher sein 16/4a ....
der Sohn, ''-e, 16/4a ....
sowohl ... als auch 16/4a ....
tauchen 14/1a ....
die Tochter, ''- 16/4a ....
die Weltreise, -n 15/2b ....
das Wichtigste, nur Sg. 16/4a ....
die Wirklichkeit, nur Sg. 16/4a ....
die Zukunftsreise, -n 17/5a ....

Einheit 4

das Alter, nur Sg. 25/5d
- **im Alter** 25/5d

sich ändern, 23/3a
das Angebot, -e 23/3a
***an*nehmen, nimmt an, nahm an, hat angenommen** 23/3a
- **ein Angebot annehmen** 23/3a

alleinerziehend 22/2a
die Bedeutung, -en 22/1a
berufstätig 25/5d
betreuen 23/3a
das Drittel, - 25/5b
durchschnittlich 24/5a
die Elternzeit, -en 23/3a
das Einzelkind, -er 23/2c
der Familientyp, -en 22/2
gehören zu 24/4
die Gesellschaft, -en 23/3a
die Großfamilie, -n 22/2a
der Haushalt, -e 23/3a
der Hausmann, "-er 23/3a
ideal 24/4
Kinder bekommen 25/5d
die Kleinfamilie, -n 23/2c
der Lebenspartner, - 22/2a
die Minderheit, -en 23/3a
die Patchworkfamilie, -n 22/2a
das Paar, -e 25/5d
die Rente, -n 25/5d
die Rollenverteilung, -en 23/3a
- **traditionelle Rollenverteilung** 23/3a

der Single, -s 22/2a
die Stiefmutter, "- 22/1b
typisch 22/1a
unterstützen 25/5d
verantwortlich sein (für etwas) 23/3a
verbreitet sein 23/3a
das Viertel, - 25/5b
der Wandel, nur Sg. 24/5a
die Wohnform, -en 22/2
***zusammen*leben** 22/2a

Einheit 5

die Abkürzung, -en 29/5b
aufgeräumt 28/3a
die Badewanne, -n 26/Einstieg
der Balkon, -e oder -s 29/4c
der Baum, "-e 27/2a
das Blatt, "-er, 27/2d
das Dachgeschoss, -e 26/Einstieg
***durcheinander*bringen, bringt durcheinander, brachte durcheinander, hat durcheinandergebracht** 28/4a
das Erdgeschoss, -e 26/Einstieg
das Einfamilienhaus, "-er 29/4c
einrichten 27/2b
die Erfindung, -en 27/2a
erstklassig 29/4c
es tut mir richtig gut 28/3b
exklusiv 29/4c
gar nicht 27/2a
die Garage, -n 26/Einstieg
das Genie, -s 28/3a
das Gewissen, nur Sg. 28/3b
günstig 29/4d
die Hängematte, -n 27/2a
die Kaution, -en 29/4c
die Lage, -n 29/4c
mischen 27/2d
die Miete, -n 29/4c
die Nebenkosten, nur Pl. 29/4a
die Ordnung, nur Sg. 28/4a
die Pflicht, -en 28/3b
die Seele, -n 28/3a
das Stadtzentrum, -zentren 29/4d
stören 27/2a
die Terrasse, -n 29/4c
das Vergnügen, - 28/3b
die Verkehrsanbindung, -en 29/4c
sich *wohl*fühlen 27/2b
die Wohnfläche, -n 29/4a
die Wohnungssuche, nur Sg. 29/5
sich Zeit nehmen 28/4a

Einheit 6

die Atomenergie, nur Sg. 30/1a ...
die Bevölkerung, nur Sg. 32/4a ...
der Durchmesser, - 32/4a ...
die Erde, nur Sg. 32/4a ...
der Energieverbrauch, nur Sg. 32/4a ...
die Entwicklung, -en 30/Einstieg ...
erfinden, erfindet, erfand, hat erfunden 30/1b ...
der Erfinder, - 31/2c ...
die Erfinderin, -nen 31/2c ...
der Hinweis, -e 30/1a ...
investieren 30/1a ...
die Kommunikation, -en 32/4a ...
kommunizieren 32/4a ...
das Kulturangebot, -e 33/5b ...
die Liebe, -n 31/3 ...
mobil 32/4a ...
nutzbar 30/1a ...
nützlich 30/1b ...
der Prospekt, -e 33/Projekt ...
recyclebar 32/4a ...
der Roboter, - 31/2c ...
scheitern 30/1a ...
das Unternehmen, - 30/1a ...
unterscheiden, unterscheidet, unterschied, hat unterschieden 32/4a ...
virtuell 32/4a ...
die Vorhersage, -n 30/Einstieg ...
die Voraussage, -n 31/2a ...
der Vorstand, "-e 30/1a ...
die Webkamera, -s 32/4a ...
weltberühmt 31/2b ...
der Weltkrieg, -e 30/1b ...

Einheit 7

abnehmen, nimmt ab, nahm ab, hat abgenommen 41/7a ...
außen 41/7b ...
sich beziehen auf 39/3a ...
damals 41/7a ...
dazukommen, kommt dazu, kam dazu, ist dazugekommen 41/7a ...
decken 38/1a ...
· den Tisch decken 38/1a ...
der Druck, -e 41/7b ...
dünn 41/7a ...
*ein*sehen, sieht ein, sah ein, hat eingesehen 41/7a ...
entdecken 39/4a ...
das Erfolgserlebnis, -se 41/7a ...
erinnern an (Akk.) 38/1c ...
die Erinnerung, -en 41/7a ...
das Fast Food, nur Sg. 39/2 ...
das Gebäck, nur Sg. 39/4a ...
die Gefahr, -en 41/7a ...
das Gewicht, -e 41/7a ...
sich gewöhnen an 41/7a ...
die Gurke, -n 40/5a ...
*her*stellen 39/4a ...
innere 41/7b ...
der Kellner, - 70 /5c ...
die Kellnerin, -nen 70 /5c ...
die Krankheit, -en 41/7b ...
leid tun 40/5c ...
· es tut mir leid 40/5c ...
die Mahlzeit, -en 38/1a ...
modern 38/1c ...
psychisch 41/7b ...
die Rechnung, -en 40/5c ...
der Rekord, -e 39/4a ...
salzig 40/5a ...
sauer 40/5a ...
schälen 38/1a ...
· einen Apfel schälen 38/1a ...
scharf 40/5a ...
die Scheibe, -n 38/1a ...
· in Scheiben geschnitten 38/1a ...
die Schüssel, -n 39/4a ...
schwindlig 41/7a ...
die Soße, -n 40/5a ...
Stimmt so. 40/5c ...
die Tomate, -n 40/5a ...
vermutlich 38/1c ...
die Verpflichtung, -en 41/7b ...
Verzeihung, ... 40/5c ...
vorbei 41/7a ...
· Es ist vorbei. 41/7a ...
der Wein, -e 39/3a ...

das Glas, "-er 39/3a ....
wiegen, wiegt, wog, hat gewogen 41/7a ....
der Zwang, "-e 41/7b ....
die Zwiebel, -n 38/1a ....

Einheit 8

allergisch 45/6 ....
Am Apparat. 43/3a ....
atmen 44/5b ....
sich *aus*ruhen 44/5b ....
bemerken 45/6 ....
blass 42/1b ....
bluten 42/1b ....
dreimal 44/4b ....
dringend 43/3a ....
*ein*nehmen, nimmt ein, nahm ein, hat eingenommen 45/6 ....
erkältet sein 42/1b ....
die Erkältung, -en 45/6 ....
das Fieber, nur Sg. 42/1b ....
frieren, es friert, fror, hat gefroren 42/1b ....
die Grippe, -n 44/5b ....
Gute Besserung! 42/Einstieg ....
die Halsschmerzen, nur Pl. 42/1b ....
der Husten, nur Sg. 44/4b ....
kaum 45/7b ....
die Magenschmerzen, nur Pl. 44/4b ....
das Medikament, -e 44/5b ....
Moment mal. 43/3a ....
die Nebenwirkung, -en 45/6 ....
der Notruf, -e 42/1b ....
die Polizei, nur Sg. 42/1b ....
*raus*kommen, kommt raus, kam raus, ist rausgekommen 44/4b ....
selbstverständlich 43/3a ....
der Schnupfen, nur Sg. 42/1b ....
die Sprechstunde, -n 42/Einstieg ....
das Sprechzimmer, - 43/4 ....
die Tablette, -n 44/4b ....
der Tropfen, - 44/4b ....
das Vitamin, -e 44/5b ....
warten 43/3a ....
das Wartezimmer, - 42/1 ....

Einheit 9

anfordern 48/6 ....
attraktiv 49/7a ....
*bei*bringen, bringt bei, brachte bei, hat beigebracht 49/7a ....
der Beitrag, "-e 47/4a ....
beruflich 49/7a ....
bezweifeln 49/7c ....
der Blutdruck, nur Sg. 49/7a ....
die Bundeswehr, -n 49/7a ....
sich *ein*setzen für 46/1b ....
der Erfahrungsbericht, -e 49/7a ....
ersetzen 49/7a ....
auf jeden Fall 49/7a ....
finanzieren 47/4a ....
freiwillig 48/7 ....
halten von 47/4a ....
• Was hältst du davon? 47/4a ....
Informationsmaterial, das, -ien 48/6 ....
das Inland, nur Sg. 49/7a ....
das Klo, -s (familiär) 49/7a ....
sich lohnen 49/7a ....
mindestens 49/7a ....
*mit*entscheiden, entscheidet mit, entschied mit, hat mitentschieden 46/1b ....
monatlich 47/4a ....
die Not, "-e 48/7a ....
obwohl 46/1b ....
das Patenkind, -er 47/4a ....
....
der Pfarrer, - 47/4a ....
die Pflege, nur Sg. 49/7a ....
die Politik, nur Sg. 46/1b ....
pro Kopf 47/4a ....
protestieren 46/1b ....
die Reihenfolge, -n 48/6 ....
der Schichtdienst, nur Sg. 49/7a ....
die Sicherheit, nur Sg. 46/1b ....
die Spende, -n 46/1b ....
der Sportverein, -e 49/7a ....
teilen 47/4a ....
unmenschlich 46/1b ....
übersetzen 47/3a ....
zeitintensiv 49/7a ....
der Zivildienst, nur Sg. 49/7a ....

Einheit 10

akzeptieren 57/5c ....
der Aushang, ¨-e 54/Einstieg ....
aufnehmen, nimmt auf, nahm auf, hat aufgenommen 54/Einstieg ....
· Kontakt aufnehmen 54/Einstieg · ....
die Aushilfstätigkeit, -en 54/Einstieg ....
*aus*reden 57/5a ....
der/die Bekannte, -n 55/2b ....
sich bewerben, bewirbt, bewarb, hat beworben 54/Einstieg ....
· etwas anderes 57/5a · ....
fair 57/5a ....
der Fall, ¨-e 54/Einstieg ....
· auf keinen Fall 54/Einstieg · ....
der Ferienjob, -s 54/Einstieg ....
die Garantie, -ien 57/5c ....
geeignet 54/Einstieg ....
das Gesetz, ¨-e 54/Einstieg ....
· laut Gesetz 54/Einstieg · ....
grundsätzlich 54/Einstieg ....
häufig 54/Einstieg ....
der Hauptberuf, -e 55/1b ....
jedoch 54/Einstieg ....
das Jobangebot, -e 55/1c ....
jobben 54/Einstieg ....
....

der Kauf, ¨-e 57/5c ....
kopieren 57/5a ....
das Lebensjahr, -e 54/Einstieg ....
sich etwas leisten, 54/Einstieg ....
möglich 57/5c ....
das Mountainbike, -s 54/Einstieg ....
in Ordnung 57/5c ....
persönlich 54/Einstieg ....
die Reklamation, -en 57/5a ....
der Schülerjob, -s 55/1c ....
....

schulpflichtig 54/Einstieg ....
die Software, -s 57/5a ....
die Stadtbücherei, -en 54/Einstieg ....
am Stück 54/Einstieg ....
der Stundenlohn, ¨-e 54/Einstieg ....
die Sucht, ¨-e 56/3b ....
die Tageszeitung, -en 54/Einstieg ....
der Umtausch, nur Sg. 57/5c ....
umtauschen 10/57 ....
vor allem 54/Einstieg ....
die Ware, -n 57/5d ....
*weiter*sehen, sieht weiter, sah weiter, hat weitergesehen 57/5a ....
ziemlich 54/Einstieg ....
*zurück*geben, gibt zurück, gab zurück, hat zurückgegeben 57/5a ....
....
*zurück*nehmen, nimmt zurück, nahm zurück, hat zurückgenommen 57/5a ....
....
*zusammen*passen 54/Einstieg ....
....

Einheit 11

der Antrag, ¨-e 60/4a ....
der/die Arbeitslose, -en 58/Einstieg ....
die Arbeitslosigkeit, nur Sg. 58/Einstieg ....
der Arbeitsmarkt, ¨-e 58/Einstieg ....
das Benzin, nur Sg. 59/2c ....
die Bildung, nur Sg. 58/Einstieg ....
das Bundesland, ¨-er 61/6 ....
der Bundespräsident, -en 59/2c ....
der Bundesrat, ¨-e 58/Einstieg ....
die Bundesregierung, -en 58/Einstieg ....
die Demokratie, -en 60/4a ....
demokratisch 60/4a ....
demonstrieren 58/Einstieg ....
ernst 60/4a ....
die Einleitung, -en 61/5 ....
die Erziehung, -en 60/4a ....
die Forderung, -en 59/2c ....
gliedern 61/Projekt ....
handeln 59/2c ....
die Jugend, nur Sg. 60/4a ....
katastrophal 58/Einstieg ....
kritisieren 58/Einstieg ....
mitbestimmen 61/5 ....
der Minister, - 58/Einstieg ....
die Öffentlichkeit, -en 60/4a ....
die Opposition, -en 58/Einstieg ....
österreichisch 61/6 ....

das Parlament, -e 58/Einstieg ....
die Partei, -en 60/4d ....
die Presse, nur Sg. 58/Einstieg ....
das Programm, -e 58/Einstieg ....
die Qualität, die, -en 58/Einstieg ....
radikal 60/4d ....
reduzieren 58/Einstieg ....
die Reform, -en 58/1b ....
die Regierung, nur Sg. 58/Einstieg ....
stärken 60/4a ....
staatlich 58/Einstieg ....
verändern 59/3b ....
die Verbesserung, -en 58/Einstieg ....
der Vergleich, -e 58/Einstieg ....
die Wahl, -en 58/Einstieg ....
das Wahlrecht, -e 60/4a ....
die Wirtschaft, -en 59/2c ....
das Zeichen, - 60/4a ....
der Zustand, "-e 58/Einstieg ....

Einheit 12

ängstlich 64/5a ....
als 63/2a ....
die Assoziation, -en 12/63 ....
das Auge, -n 63/2a ....
· nur Augen für jdn. haben 63 /2a · ....
die Berechnung, -en 62/1a ....
betrügen, betrügt, betrog, hat betrogen 64/4a ....
bevor 63/2a ....
dankbar 64/5a ....
eifersüchtig 64/3b ....
enttäuscht sein 64/4a ....
die Enttäuschung, -en 12/63 ....
ewig 62/1a ....
der Ex-Freund, -e 64/4a ....
die Ex-Freundin, -nen 64/4a ....
frech 64/5a ....
der/die Geliebte, -n 62/1a ....
gleichberechtigt 64/5a ....
großzügig 64/5a ....
hell 12/62 ....
der Kommentar, der, -e 12/63 ....
konservativ 64/5a ....
kritisch 64/5a ....
lächerlich 62/1a ....
leichtsinnig 12/62 ....
liberal 64/5a ....
das Liebesgedicht, -e 62/1a ....
menschlich 64/5a ....
neugierig 64/5a ....
passiv 64/5a ....
quälen 62/1a ....
das Risiko, -ken 12/62 ....
die Rose, -n 12/63 ....
sachlich 64/5a ....
schlank 64/5a ....
der Schluss, "-e 63/2a ....
· Schluss machen 63/2a · ....
seit 63/2a ....
stolz 64/5a ....
der Stolz, nur Sg. 12/62 ....
das Traumpaar, -e 63/2a ....
das Unglück, -e 62/1a ....
unmöglich 12/62 ....
untreu 64/5a ....
unvernünftig 64/5a ....
umsonst 64/4a ....
die Vernunft, nur Sg. 62/1a ....
vernünftig 64/5a ....
vertrauen 63/2a ....
die Vorsicht, nur Sg. 12/62 ....
zornig 64 /5a ....
· zum ersten Mal 64/3b · ....

Einheit 13

der Abfall, -fälle 72/4b ....
die Abgase, nur Pl. 70/1b ....
ablaufen, läuft ab, lief ab, ist abgelaufen 73/5b ....
der Becher, - 72/4a ....
der Bereich, -e 73/5c ....
sich beschäftigen mit 13/73 ....
das Bügeleisen, - 72/4a ....
der Container, - 72/4b ....
die Dose, -n 72/4a ....
der Effekt, -e 13/73 ....
die Flasche, -n 72/4a ....
sich fürchten (vor) 70/1d ....
das Getränk, -e 72/4d ....
das Gift, -e 70/1b ....
die Glühbirne, -n 72/4d ....
halten (für etwas), hält, hielt, hat gehalten 70/1d ....
das Hochwasser, - 70/1b ....
die Katastrophe, -n 70/1b ....
das Kleidungsstück, -e 13/73 ....
der Klimaschutz, nur Sg. 70/1 ....

die Krise, -n 70/1d ....
der Lärm, nur Sg. 70/1b ....
der Lastwagen, - 70/1c ....
die Luftverschmutzung, nur Sg. 70/1b ....
das Material, Materialien 73/5b ....
der Müll, nur Sg. 72/4b ....
der Mülleimer, - 72/4c ....
die Mülltrennung, nur Sg. 72/4c ....
die Mülltonne, -n 72/4b ....
der Ozean, -e 71/3a ....
das Plastik, nur Sg. 72/4a ....
der Planet, -en 70/Einstieg ....
die Produktion, -en 13/73 ....
das Recyceln, nur Sg. 72/4b ....
sauber bleiben, bleibt, blieb, ist geblieben 73/5c ....
schützen 73/5b ....
der Smog, nur Sg. 70/1b ....
sortieren 72/4b ....
die Struktur, -en 73/5b ....
technisch 73/5b ....
trennen 72/4b ....
die Tüte, -n 72/4a ....

....

umweltfeindlich 70/1b ....
die Ungerechtigkeit, nur Sg. 70/1d ....
die Umgebung, -en 70/1d ....
das Wachs, -e 73/5b ....
die Waschmaschine, -n 72/4a ....
die Zerstörung, -en 70/1b ....
***zusammen*arbeiten** 73/5b ....
sich *zusammen*setzen aus 73/5b ....

Einheit 14

die Anprobe, -n 77/5b ....
der Anzug, "-e 77/5b ....
auffällig 75/2a ....
bar 77/5b ....
der Berater, - 77/5b ....
die Beraterin, -nen 77/5b ....
der Charakter, nur Sg. 74/1b ....
die Creme, -s 74/1a ....
eineinhalb 75/3a ....
die Falte, -n 74/1a ....
der Fingernagel, "- 75/3a ....
die Figur, -en 74/1b ....
das Gehalt, "-er 75/3a ....
gepflegt 74/1b ....
die Kasse, -n 77/6b ....
der Kassenbon, -s 77/5b ....
das Kleid, -er 74/1b ....
die Kleidung, nur Sg. 74/1b ....
die Kosmetik, nur Sg. 74/1a ....
die Kreditkarte, -n 77/5b ....
lächeln 74/1b ....
das Lächeln, nur Sg. 74/1c ....
längst 75/3a ....
lackieren 75/3a ....
lassen, lässt, ließ, hat gelassen 75/3a ....
- **sich verwöhnen lassen** ....

lila 75/3a ....
das Make-up, nur Sg. 74/1c ....
die Meinung, -en 74/1c ....
- **meiner Meinung nach** 74/1c ....

operieren 77/7 ....
perfekt sitzen 77/5b ....
eine Rolle spielen 75/3c ....
schmal 75/2a ....
selbstbewusst 74/1b ....
der Schnitt, -e 77/5b ....
schon mal 76/4b ....
die Schönheit, -en 74/Einstieg ....
der Sportschuh, -e 77/6b ....
wirken 75/2a ....
der Zusammenhang, "-e 75/3a ....

Einheit 15

abwechslungsreich 78/1b ....
die Anreise, nur Sg. 78/1b ....
absolut 81/5a ....
der Aufenthalt, -e 78/1b ....
ausgezeichnet 78/1b ....
außerhalb 78/1b ....
der Ausweis, -e 81/5a ....
buchen 78/1b ....
einzigartig 78/1b ....
empfehlen, empfiehlt, empfahl, hat empfohlen 79/3b ....
die Entfernung, -en 78/1b ....
erwarten 78/1b ....
garantiert 78/1b ....
die Gegend, -en 81/5a ....
genießen, genießt, genoss, hat genossen 78/1b ....

die Grenze, -n 78/1b ....
hinunterfahren, fährt hinunter, fuhr hinunter, ist hinuntergefahren 78/1b ....
• **in letzter Zeit** 81/5a • ....
innerhalb 78/1b ....
das Gespräch, -e 81/5a ....
• **ins Gespräch kommen** 81/5a • ....
die Insel, -n 78/1b ....
jedenfalls 81/5a ....
....
kostenlos 78/1b ....
der Komfort, nur Sg. 78/1b ....
in Kontakt kommen 81/5a ....
kulturell 79/1c ....
der Linienflug, "-e 78/1b ....
das Mehrbettzimmer, - 78/1b ....
näher 78/1b ....
das Pauschalangebot, -e 78/1b ....
pro Nacht 15/78 ....
der Prospekt, -e 81/Projekt ....
pur 78/1b ....
das Rad, "-er 81/5a ....
der Schlafsack, "-e 81/5a ....
der Segler, - 78/1b ....
der Senior, Senioren 15/Projekt ....
der Seniorin, -nen 15/Projekt ....
der Surfer, - 78/1b ....
die Surferin, -nen 78/1b ....
der Tennisplatz, "-e 78/1b ....
unabhängig 81/5a ....
die Unterkunft, "-e 78/1b ....
die Vollpension, nur Sg. 78/1b ....
wahnsinnig 80/4a ....
zahlreich 78/1b ....
das Zelt, -e 81/5a ....
zentral 78/1b ....
zugleich 78/1b ....

Einheit 16

aufgeben, gibt auf, gab auf, hat aufgegeben 86/1c ....
ausgehen, geht aus, ging aus, ist ausgegangen 89/8a ....
die Ausrüstung, -en 86/Einstieg ....
bestehen aus, besteht, bestand, hat bestanden 86/Einstieg ....
bummeln gehen, geht, ging, ist gegangen 88/6 ....
die Elastizität, nur Sg. **86/Einstieg** ....
das Erlebnis, -se 87/2a ....
extrem 86/1b ....
der Extremsport, nur Sg. 86/Einstieg ....
....
fertig werden, wird fertig, wurde fertig, ist fertig geworden 86/1c ....
das Free Climbing, nur Sg. 86/Einstieg ....
die Freiheit, -en 87/2a ....
das Gefühl, -e 87/2a ....
das Hilfsmittel, - 86/Einstieg ....
die Höhe, -n 86/Einstieg ....
die Kondition, -en 86/1c ....
der König, -e 88/5a ....
sich langweilen 87/2c ....
die Langeweile, nur Sg. 87/2a ....
mehrfach 86/Einstieg ....
der Mut, nur Sg. 86/1c ....
rund 89/8a ....
schwingen, schwingt, schwang, hat/ist geschwungen 86/Einstieg ....
das Seil, -e 86/Einstieg ....
der Sinn, -e 88/5b ....
der Song, -s 88/5 ....
treiben, treibt, trieb, hat getrieben 89/7a ....
• **Sport treiben** 89/7a • ....
das Team, -s 86/1c ....
• **im Team arbeiten** 86/1c • ....
teilweise 89/8a ....
die Tiefe, -n 86/Einstieg ....
unternehmen, unternimmt, unternahm, hat unternommen 89/7b ....
verbringen, verbringt, verbrachte, hat verbracht 89/8b ....
• Zeit verbringen mit 89/8b • ....

Einheit 17

der/die Angestellte, -n 92/5a ....
die Anlage, -en 91/2a ....
der Alarm, -e 91/2a ....
*auf*treten, tritt auf, trat auf, ist aufgetreten 91/2a ....
ausführlich 92/6 ....
der Automat, -en 91/2a ....
automatisch 91/3b ....
die Autoproduktion, -en 91/2a ....
der Autor, Autoren 91/2a ....
die Autorin, -nen 91/2a ....
bereits 91/2a ....
die Diskussionsleitung, -n 92/5b ....
· eine Diskussion leiten 92/5b ....
fasziniert sein von 91/2a ....
fördern 91/2a ....
das Gebäude, - 92/5a ....
geschickt 91/2a ....
die Industrie, -n 91/3a ....
der Industrie-Roboter, - 91/2a ....
das Jahr, -e 91/2a ....
· die kommenden Jahre 91/2a ....
der Kaffee, nur Sg. 92/6 ....
der Klassenkamerad, -en 92/6 ....
konstruieren 91/2a ....
künstlich 91/2a ....
lenken 92/4 ....
leer 91/2a ....
die Literatur, -en 91/2a ....
die Maschine, -n 91/2a ....
möglich machen 91/2a ....
der Pausenhof, "-e 92/5a ....
die Prüfung, -en 92/5a ....
· eine Prüfung ablegen 92/5a ....
reinigen 92/4 ....
Schach spielen 91/2a ....
der Schluss, "-e 92/5b ....
· zum Schluss kommen 92/5b ....
der Schlüssel, - 92/7 ....
tatsächlich 91/2a ....
die Täuschung, -en 91/2a ....
überzeugen 92/b ....
überzeugt sein (von) 92/5b ....
sich verdoppeln 91/2b ....
die Vorführung, -en 91/2a ....
das Wachstum, nur Sg. 91/2a ....
die Zahnbürste, -n 92/Projekt ....
zusammenfassend 92/5b ....
die Zusammenfassung, -en 92/5b ....

Einheit 18

sich ähneln 97/5b ....
die Amtssprache, -n 95/3a ....
die Ähnlichkeit, -en 97/5b ....
arrogant 96/4a ....
*aus*wandern 95/3b ....
bzw. (kurz für: beziehungsweise) 95/3a ....
der Dialekt, -e 95/3b ....
europäisch 95/3b ....
die Fläche, -n 95/3a ....
die Frikadelle, -n 95/2a ....
der Gastgeber, - 96/4c ....
gegenüber 96/4a ....
die Gemeinsamkeit, -en 97/5b ....
Inhalt, -e 97/6a ....
meistgesprochen 95/3b ....
der Minderwertigkeitskomplex, -e 96/4c ....
der Muttersprachler, - 95/3b ....
die Muttersprache, -n 95/3b ....
die Nationalsprache, -n 95/3a ....
der Österreicher, - 94/Einstieg ....
die Österreicherin, -nen 94/Einstieg ....
österreichisch 95/1a ....
der Schweizer, - 94/Einstieg ....
die Schweizerin, -nen 94/Einstieg ....
schweizerisch 95/1a ....
das Stereotyp, -e 96/4 ....
das Symbol, -e 94/Einstieg ....
der Tourismus, nur Sg. 97/7b ....
der Unterschied, -e 97/5b ....
sich unterscheiden, unterscheidet, unterschied, hat unterschieden 97/5b ....

visuell 97/6a ....
· visuelle Mittel 97/6a · ....
weglassen, lässt weg, ließ weg, hat weggelassen 97/6a ....
zögern 96/4c ....
zum Teil 95/3b ....
der Zuhörer, - 97/6a ....
die Zuhörerin, -nen 97/6a ....
zusammenhängen 97/6a ....

Einheit 19

die Anlage, -n 104/3c ....
anpassen 104/4a ....
ausbilden 102/1a ....
die Aushilfe, die, -n 102/1a ....
sich auskennen, kennt sich aus, kannte sich aus, hat sich ausgekannt 102/1a ....
der Auslandsaufenthalt, -e 103/3b ....
bereit sein 102/1a ....
die Bescheinigung, -en 103/3b ....
der Bewerber, - 102/1a ....
die Bewerbung, -en 102/Einstieg ....
das Bewerbungsschreiben, - 103/3b ....
die Bewerbungsunterlagen, nur Pl. 102/1a ....
die Bezahlung, -en 102/1a ....
der Einzelhandelskaufmann, -leute 104/3c ....
die Einzelhandelskauffrau, -en 104/3c ....
erwünscht 102/1a ....
der Familienstand, "-e 105/4b ....
flexibel 103/1d ....
die Fotokopie, -n 104/3c ....
· die Kopie, -n 103/3b · ....
der Geburtsort, -e 105/4b ....
hilfreich 104/4a ....
hiermit 104/3c ....
die Kenntnisse, nur Pl. 103/1c ....
der Klassensprecher, - 105/4b ....
die Klassensprecherin, -nen 105/4b ....
körperlich 102/1a ....
kommunikativ 102/1a ....
der Lebenslauf, "-e 103/3b ....
ledig 105/4b ....
die Mitarbeit, -en 105/4b ....
mithelfen, hilft mit, half mit, hat mitgeholfen 102/1a ....
das Passfoto, -s 103/3b ....
die Personalabteilung, -en 102/1a ....
das Postfach, "-er 102/1a ....
der Praktikant, -en 103/2b ....
die Praktikantin, -nen 103/2b ....
die Qualifikation, -en 102/Einstieg ....
der Realschulabschluss, "-e 102/1a ....
....
Sehr geehrte Damen und Herren 104/3c ....
....
sowie 102/1a ....
ständig 105/4b ....
die Stelle, -n 103/1d ....
tabellarisch 104/4a ....
teamfähig 103/1d ....
die Teilzeit, -en 102/1a ....
die Theorie, -n 104/3c ....
die Unterlagen, nur Pl. 102/1a ....
unverändert 104/4a ....
unterschreiben, unterschreibt, unterschrieb, hat unterschrieben 104/4a ....
die Vollzeit, nur Sg. 102/1a ....
die Weiterbildung, -en 104/4a ....
wirtschaftlich 104/3c ....

Einheit 20

ankommen auf, kommt an, kam an, ist angekommen 107/3c ....
· Das kommt darauf an. 107/3c · ....
sich anstellen 106/1d ....
· Stell dich nicht so an. 106/1d · ....
die Art und Weise, nur Sg. 108/4b ....
aufgeregt 109/5a ....
sich aufspielen 106/1d ....
· Spiel dich nicht so auf. 106/1d · ....
das Bedürfnis, -se 109/5a ....
behandeln 108/4a ....
behaupten 106/1a ....
die Einigung, -en 109/5a ....

erfragen 108/4a ....
eskalieren 107/3 ....
die Formulierung, -en 109/5a ....
die Gewalt, nur Sg. 109/5a ....
die Grundregel, -n 109/5a ....
der Hintergrund, ¨-e 109/5a ....
der Konflikt, -e 107/3 ....
lachen 106/1d ....
- **Dass ich nicht lache!** 106/1d ....

der Lösungsweg, -e 108/4a ....
die Mediation, -en 108/5 ....
....
der Mediator, Mediatoren 108/4 ....
nacheinander 109/5a ....
***nach*geben, gibt nach, gab nach, hat nachgegeben** 106/1e ....
die Perspektive, -n 109/5a ....
die Phase, -en 108/5a ....
die Problemlösung, -en 108/5a ....
die Schuld, -en 106/1e ....
die Schweigepflicht, nur Sg. 108/4a ....
schreien, schreit, schrie, hat geschrien 106/1e ....
der Sieger, - 109/5a ....
die Socke, -n 107/2b ....
spinnen, spinnt, spann, hat gesponnen 106/1d ....
- **Du spinnst wohl!** 106/1d ....

der Stift, -e 107/2b ....
unterbrechen, unterbricht, unterbrach, hat unterbrochen 109/5a ....
die Urkunde, -n 108/4a ....
die Vereinbarung, -en 109/5a ....
der Verlierer, - 109/5a ....
das Verständnis, nur Sg. 109/5a ....
der Vertrag, ¨-e 108/5a ....
***vor*werfen, wirft vor, warf vor, hat vorgeworfen** 106/1a ....
***weiter*erzählen** 108/4a ....
zunächst 109/5a ....
***zusammen*fassen** 109/5a ....

Einheit 21

breit 111/1b ....
das Denkmal, ¨-er 112/3a ....
die Diktatur, -en 113/4 ....
durchgehend 111/1b ....
ehemalig 111/1b ....
die Eisenbahn, -en 112/2b ....
erleben 111/1b ....
ermorden 110/Einstieg ....
die Ermordung, -en 111/1b ....
der Frieden, nur Sg. 113/4 ....
das Ganze, nur Sg. 111/1c ....
die Geschichte, nur Sg. 111/1 ....
das Gleiche, nur Sg. 113/3b ....
innerdeutsch 111/1b ....
der Kaiser, - 113/Projekt ....
die Kaiserin, -nen 113/Projekt ....
der Krieg, -e 111/1b ....
die Macht, nur Sg. 110/Einstieg ....
- **an die Macht kommen** 110/Einstieg ....

nachdem 111/1b ....
die Naturlandschaft, -en 111/1b ....
der Nazi, -s (Nationalsozialist, der, -en) 110/Einstieg ....
nirgendwo 111/1b ....
die Pflanzenwelt, -en 111/1b ....
der Ring, -e 112/3a ....
der Staat, -en 111/1b ....
sterben, stirbt, starb, ist gestorben 110/Einstieg ....
systematisch 111/1b ....
die Teilung, -en 111/1b ....
die Tierwelt, -en 111/1b ....
töten 111/1c ....
der Umweltschützer, - 111/1b ....
....
der Überfall, ¨-e 111/1b ....
die Verknüpfung, -en 111/1b ....
der Vorschlag, ¨-e 113/Projekt ....
das Wirtschaftswunder, - 111/1b ....

Einheit 22

der Abschiedskuss, ¨-e 114/2a ....
***auf*finden, findet auf, fand auf, hat *auf*gefunden** 116/4a ....

- ist nicht aufzufinden 116/4a ....
aufwachen 115/3a ....
der Augenblick, -e 115/3a ....
auseinandergehen, geht auseinander, ging auseinander, ist auseinandergegangen 115/3a ....
auslassen, lässt aus, ließ aus, hat ausgelassen 114/2a ....
bereuen 115/3a ....
betreten, betritt, betrat, hat betreten 117/5a ....
- Betreten strengstens verboten! 117/5a ....
die Beziehung, -en 115/3a ....
das Bier, -e 115/3a ....
dick 114/2a ....
dicht 115/3a ....
doppelt 114/2a ....
dramatisch 2115/3a ....
drohend 115/3a ....
die Drohung, -en 116/4a ....
dunkelhaarig 114/2a ....
der Eingang, "-e 117/5a ....
entsorgen 117/5c ....
erpressen 115/2b ....
- er wird erpresst 115/2b ....
erstaunt 115/3a ....
erwidern 115/3a ....
das Fass, "-er 117/5c ....
die Ferne, nur Sg. 117/5a ....
fliehen, flieht, floh, ist geflohen 116/4a ....
der/die Fremde, -n 114/2a ....
der Giftmüll, nur Sg. 117/5c ....
heftig 115/3a ....
hinsehen, sieht hin, sah hin, hat hingesehen 117/5a ....
hochkommen, kommt hoch, kam hoch, ist hochgekommen 115/3a ....
illegal 117/5c ....
die Kleinstadt, "-e 117/5a ....
die Leiche, -n 117/5c ....
der LKW (Lastkraftwagen), -s 116/4a ....
das Märchen, - 117/5a ....
meiden, meidet, mied, hat gemieden (Akk.) 116/4a ....
mitten 116/4a ....
nachsehen, sieht nach, sah nach, hat nachgesehen 115/3a ....
rätselhaft 117/5c ....
die Rede, -n 116/4a ....
- Es war die Rede von ... 116/4a ....
das Schild, -er 117/5a ....
schläfrig 115/3a ....
schmuggeln 115/2b ....
schwören, schwört, schwor, hat geschworen 115/3a ....
sitzen lassen, lässt sitzen, ließ sitzen, hat sitzen gelassen 115/3a ....
spüren 117/5a ....
die Summe, -n 114/2a ....
der Tanz, "-e 114/2a ....
tief 115/3a ....
der Tod, nur Sg. 114/Einstieg ....
die Trennung, -en 115/3a ....
sich umdrehen 115/3a ....
unangenehm 115/3a ....
der Unternehmer, - 117/5c ....
die Unternehmerin, -nen 117/5c ....
vergehen, vergeht, verging, ist vergangen 116/4a ....
verhaften 117/5c ....
sich versammeln 114/2a ....
verschwinden, verschwindet, verschwand, ist verschwunden 115/3a ....
verzweifelt 116/4a ....
warnen 117/5a ....
wegbringen, bringt weg, brachte weg, hat weggebracht 114/2a ....
wiederkommen, kommt wieder, kam wieder, ist wiedergekommen 115/3a ....
wiedersehen, sieht wieder, sah wieder, hat wiedergesehen 115/3a ....
zugehen auf, geht zu, ging zu, ist zugegangen 114/2a ....
zurückbringen, bringt zurück, brachte zurück, hat zurückgebracht 114/2a ....

Redemittel

Meinungen
Ich meine/glaube/finde/denke, dass ...
Meiner Meinung nach ...
Ich bin der Meinung, dass ...
Ich finde es gut, wenn/dass ...
Ich kann/könnte mir vorstellen, dass ...
Ich halte das für richtig/falsch/interessant ...

Begründungen
Ich möchte ..., weil ...
Ich will nicht ..., weil ...
Ich ... und deshalb/deswegen/darum ...
Ich denke/meine/finde ..., denn ...

Zustimmung
Das glaube/finde/meine ich auch.
Ich bin ganz deiner/Ihrer Meinung.
Das stimmt. / Das ist richtig.
Da hast du / haben Sie völlig recht.
Ja, das ist richtig.
Ja sicher! / Ja, genau.
Ich finde, ... hat recht, wenn er/sie sagt, dass ...

Widerspruch
Das stimmt meiner Meinung nach nicht.
Das ist nicht richtig.
Ich sehe das (ganz) anders.
Da muss ich dir/Ihnen aber widersprechen.

Zweifel
Also, ich weiß nicht, ob ...
Stimmt das wirklich?
Es ist unwahrscheinlich, dass ...
Ich glaube/denke nicht, dass ...
Ich bin mir da nicht sicher.
Meinst du / Meinen Sie wirklich ...
Ich vermute, dass ....
Ich frage mich, warum/wie ...
Ich kann mir (nicht) vorstellen, dass ...

Vermutungen
Vielleicht ist/kann/will/muss ...
Wahrscheinlich ...
Ich vermute/glaube/nehme an, dass ...
Es kann/könnte sein, dass ...

Unsicherheit und Angst
Ich weiß noch nicht, was ich machen will, vielleicht ...
Ich habe Angst, dass ...
Ich habe Angst vor ...
Ich fürchte, es klappt nicht.

Gefühle
Ich kann nicht mehr schlafen, seit ...
Ich muss immer an sie denken.
Ich kann mich nicht mehr konzentrieren, weil ...
Du gefällst mir sehr. / Sie gefällt ihm sehr. / Er gefällt ihr sehr.
Seit er/sie da ist, habe ich nur noch Augen für ihn/sie.
Ich habe das Gefühl, dass ... mich betrügt.
Es tut mir so leid, dass du so viel Pech hast.
Es ist alles umsonst, ich habe alles versucht.
Das kann er/sie doch nicht machen!
Ich bin so enttäuscht.
Ich bin total fertig.

Konflikte und Streit
Dass ich nicht lache!
Das kannst du vergessen!
Du nervst.
Du spinnst wohl!
Das darf doch nicht wahr sein, sag mal, ist das mein Handy?
Stell dich nicht so an.
Das ist doch nicht mein Problem, das ist deins.

Bitte hör mir doch zu.
Lass uns doch darüber reden.
Ich will dir das erklären.
Reg dich doch nicht so auf.
Ganz ruhig bleiben.
Das ist ein Missverständnis.

Er/Sie wirft ... vor, dass er/sie immer ...
Sie streiten über ...
Er behauptet, dass die anderen ...
Sie streiten miteinander, weil ...

Ratschläge und Tipps
Du solltest/könntest/musst ...
Man darf nicht...
Am besten ist es ...
Auf keinen Fall solltest du ...
An deiner Stelle würde ich ...
Wenn du mich fragst, dann ...
Ich schlage vor...
Es ist sinnvoll/nützlich, wenn ...
Es ist besser, wenn ...

Vorschläge
Wie wär's, wenn ...?
Wir könnten doch ...
Hast du / Habt ihr / Haben Sie (nicht) Lust ...?
Wir könnten doch ...
Sollen wir ...

Überraschung
Mich hat überrascht, dass ...
Besonders interessant finde ich ...
Für mich war neu, dass ...

Wichtigkeit
Es ist sehr wichtig, dass ...
Ich finde es wichtig, dass ...
Ganz ist wichtig ist, dass man ...
... ist... am wichtigsten.
Man muss vor allem...
Wir sollten/müssen unbedingt, ...
Wir dürfen auch nicht vergessen, ...
Du musst auf jeden Fall ...

Wünsche und Pläne
Ich hätte gern ...
Ich würde gern ...
Nach der Schule möchte ich zuerst ... und dann ...
Ich habe Lust, ... zu ...
Ich wünsche mir, ...
Er/Sie will/wollte ...
Ich möchte ... werden.
Ich will als ... arbeiten.
Ich hoffe, dass ich ...

Stärken und Schwächen
Ich kann viele elektrische Geräte reparieren.
Ich kann gut mit Menschen umgehen.
Ich bin (nicht) sehr genau.
In Mathe bin ich gut / nicht so gut ...
Ich habe Erfahrungen bei ... gemacht.
Zu meinen Stärken gehört ...

Erfahrungen
Wir haben gute/schlechte Erfahrungen gemacht mit ...
Mir ging es ganz ähnlich, als ...
Bei mir war das damals so: ...
Wir haben oft bemerkt, dass ...
Ich habe andere Erfahrungen gemacht.
Das ist doch ein Vorurteil, nicht alle ...

Eigenschaften
Er/Sie ist schön/lieb/frech ...
Er/Sie ist (nicht) ehrlich.
Du kannst ihm/ihr (nicht) vertrauen.
Mein Mann/Freund / Meine Frau/Freundin soll ... sein.
Er/Sie darf nicht ... sein.
Er/Sie sollte ... sein/haben.
Ich bin kreativ/offen/flexibel ...
Wir sind ein kreatives Team.
Wir suchen eine engagierte ...

Vorteile und Nachteile
Ein Vorteil/Nachteil ist, dass ...
... ist ein Nachteil.
Wenn man ..., dann ...
Das Problem ist, dass ...

Personen beschreiben
Er/Sie ist (ungefähr) ... Jahre alt.
Er/Sie trägt ...
Die Brille steht ihm/ihr sehr gut.
In der Hose sieht er/sie gut aus.
Er/Sie trägt braune Schuhe, die zu seiner Hose passen.

Zukunft und Vorhersagen
Wie sieht die Zukunft aus?
Was wirst du in zehn Jahren machen?
Ich glaube, ich werde ...
In zehn Jahren wirst du ...
Was meinst du, wie wird ...
Es wird wahrscheinlich ...
Die Menschen werden ...
Keiner weiß, wie ...

Glückwünsche
Herzlichen Glückwunsch zum Geburtstag!
Alles Gute!
Ich wünsche dir viel Glück.

Bewerbungen

Anrede:	Sehr geehrte Damen und Herren,
Einleitung:	mit großem Interesse ...
	Ich möchte mich für diese Stelle bewerben.
Hauptteil:	Zurzeit bin ich in der ... Klasse.
	Ich habe schon ein Praktikum bei .... gemacht.
Abschluss:	Ich würde mich sehr freuen, wenn ich mich persönlich vorstellen könnte.
Grußformel:	Mit freundlichen Grüßen
Anlagen:	Lebenslauf, Zeugnisse ...

Statistiken und Grafiken
4000 Menschen haben an der Umfrage teilgenommen.
An erster Stelle mit 35 Prozent steht ...
Auf Platz drei kommt ...
Ich finde interessant, dass so viele ihre Mutter als Vorbild nennen.
Vor hundert Jahren haben in der Hälfte der Haushalte ...
Heute leben durchschnittlich 2,1 Personen ...
In nur vier Prozent der Haushalte ...
Am wenigsten/meisten ...

Diskussionen

Diskussionsleitung

Unsere Diskussion heute hat das Thema …
Ich möchte zuerst die Gruppe … bitten, …
Möchten Sie etwas dazu fragen/sagen?

Wir müssen jetzt zum Schluss kommen …
Zusammenfassend möchte ich sagen, dass …

Argumente formulieren

Ich denke/meine/glaube/finde, dass …
Meiner Meinung nach …
Ich bin davon überzeugt, dass …
Ich bin der Meinung, dass …
Für mich ist es wichtig, dass …

Auf Argumente reagieren

Das stimmt. / Das ist richtig.
Ich bin ganz deiner/Ihrer Meinung (, aber …)
Ich bin nicht deiner/Ihrer Meinung, denn/weil …
Ja, das sehe ich auch so.
Ich finde, … hat recht, wenn er/sie sagt, dass …

Unterbrechungen

Entschuldigen Sie, wenn ich Sie unterbreche, …
Dürfte ich dazu bitte auch etwas sagen?
Ich möchte dazu etwas sagen/fragen/ergänzen.
Kann ich dazu bitte auch einmal etwas sagen?
Ich verstehe das schon, aber…
Ja, aber…
Glauben/Meinen Sie wirklich, dass …?

Lass mich / Lassen Sie mich bitte ausreden.
Ich möchte nur noch sagen …
Einen Moment bitte, ich möchte nur noch …
Ich bin noch nicht fertig.
Ich bin gleich fertig.

Geschichten zusammenfassen

In der Geschichte geht es um …
Die Geschichte erzählt von/über …

Referate

Die Einleitung

Das Thema von meinem Vortrag/Referat lautet …
Ich spreche heute über …
Heute möchte ich über … sprechen.

Die Gliederung

Mein Vortrag besteht aus drei Teilen: …
Zuerst spreche ich über …
… dann komme ich im zweiten Teil zu …,
zum Schluss werde ich dann …

Die Teile

Ich komme jetzt zum zweiten/nächsten Teil.
Hier spreche ich über …
Ich möchte jetzt erklären, warum …

Der Schluss

Ich komme jetzt zum Schluss.
Zusammenfassend möchte ich sagen, …
Abschließend möchte ich noch erwähnen, …
Vielen Dank für eure/Ihre Aufmerksamkeit.
Ich hoffe, es war interessant/hilfreich für euch/Sie.

Umschlagfoto – © fotolia, Pavel Losevsky; S. 06 (A) – ČTK / DPA / Jens Wolf, (B) – Wikipedia / Lucien Chavan, (C) – www.mozartforum.com; S. 08 – Photos.com; S. 09 – ČTK / AP / Jerome Delay; S. 10 (A) – Shutterstock / © Adam Borkowski, (B) – Fotolia / © Stanislav Komogorov, (C) – Fotolia / © Kzenon, (D) – Photos.com, (E) – Fraus Verlag / Karel Brož, (F) – Fotolia / © Kristian Sekulic; S. 11 (A, B) – Profimedia / Teen faces, (C, D) – Photos.com; S. 15 oben (A, B) – Photos.com, (C) – Fotolia / © Maksym Gorpenyuk, (D) – Fotolia / © Lisa F. Young; S. 15 unten (A, B, D) – Photos.com, (C) – Fotolia / © Vladislav Gajic; S. 16 – Photos.com; S. 17 (1, 4) – Photos.com, (2) – Fotolia / © buket bariskan, (3) – Fotolia / © astoria; S. 18 (oben) – Fraus Verlag / Karel Brož, (Mitte links) – Profimedia / Teen faces, (Mitte rechts) – Photos.com; S. 19 – Fraus Verlag / Karel Brož; S. 20 (links) – Friederike Jin, (mitten) – Photos.com, (rechts) – Friederike Jin; S. 21 – Fotolia / © Monika Adamczyk; S. 22 (oben links) – Fotolia / © Valentine, (unten links) – Friederike Jin, (rechts) – Photos.com; S. 23 – Photos.com; S. 24 (links) – ČTK / Ullstein Bild, (rechts) – Photos.com; S. 25 – Shutterstock / © Monkey Business Images; S. 27 – Fotolia / © Jason Stitt; S. 29 (A) – Fraus Verlag / Karel Brož, (B) – Fotolia / © meailleluc.com, (C) – Fotolia / © Fil-art, (D) – Fotolia / © Stephen Coburn, (E) – Fotolia / © paul prescott, (F) – Fotolia / © Freefly; S. 30 (A, B, E) – Photos.com, (C) – ČTK / Jan Vrabec, (D) – ČTK / Karel Mevald; S. 33 (A, B, F) – Fraus Verlag / Karel Brož, (C) – Fotolia / © Yuri Arcurs, (D) – Fotolia / © luchschen, (E) – Věra Frausová, (G) – Fotolia / © danielschoenen; S. 34 – Fraus Verlag / Karel Brož; S. 35 – Photos.com; S. 36 (links) – Fotolia / © Robert Paul van Beets, (mitten) – Shutterstock / © Mohamed Farouk Badawi, (rechts) – Shutterstock / © Daumiu; S. 38 (oben) – VG Bild-Kunst Bonn 2009 / Schweizerische Nationalbibliothek Bern, (mitten) – Wikipedia / Georg Flegel; S. 41 Vladimír Vítek; S. 43 – Fraus Verlag / Karel Brož; S. 45 – Photos.com; S. 46 (A) – Photos.com, (B) – Picture Alliance / Zentralbild / Steffen Füssel, (C, F) – Ullstein Bild / AP, (D) – Ullsteinbild / Peters, (E) – www.fairtrade.org.uk; S. 49 – Photos.com; S. 50 – Fraus Verlag / Karel Brož; S. 52 – Shutterstock / © Nikonaft; S. 54 (links und rechts) – Fraus Verlag / Karel Brož, (mitten) – Fotolia / © Konstantin Yuganov; S. 56 (links) – Fotolia / © Ella, (rechts) – Fotolia / © Yuri Arcurs; S. 57 – Cornelsen Verlag / Hugo Herold; S. 58 (oben) – ČTK / AP / Kevin Frayer, (mitten) – Digitalstock (RF) / F. Aumüller, (unten) – Flickr / Dirk Heuer; S. 59 – Fraus Verlag / Karel Brož; S. 60 (oben) – Bündnis 90 / Die Grünen, (unten von links nach rechts) – Photos.com, Shutterstock / © Yuri Arcurs, (2x) Fraus Verlag / Karel Brož; S. 61 – Fraus Verlag / Karel Brož; S. 62 – Shutterstock / © BlueOrange Studio; S. 66 – Lutz Rohrmann; S. 67 – Fraus Verlag / Karel Brož; S. 69 (links) – Shutterstock / © Yellowj, (rechts) – Fotolia / © Petya Petrova; S. 70 (A) – ČTK / Libor Zavoral, Fotolia / © Stefan Redel, (B) – Fotolia / © Ronald Hudson, (C, D) – Photos.com; S. 72 – Abfallwirtschaft Mannheim; S. 73 (A) – Photos.com, (B) – Fotolia / © Nicole Effinger, (C) – Fotolia / © Johnny Lye, (D) – Fotolia / © morgane, (unten von links nach rechts) – Fotolia / © Audrey Durose, Photos.com, Fotolia / © Stocksnapper, Fotolia / © Jay Beaumont, Fotolia / © objectsforall; S. 74 (1) – Fotolia / © vsurkov, (2) – Photos.com, (3) – Fotolia / © LadyInBlack, (4) – Shutterstock / © Efanov Aleksey Anatolievich, (5) – Fotolia / © Digitalpress, (6) – Shutterstock / © Yuri Arcurs; S. 76 – Fotolia / © Pavel Losevsky; S. 77 – ČTK / Igor Šefr; S. 78 (1, 2) – Photos.com, (3) – Fotolia / © Aleksei Volkov, (4) – Lutz Rohrmann; S. 79 (1, 2, 4) – Photos.com, (3) – Fotolia / © PictureArt; S. 80 – Shutterstock / © Stefanie Leuker; S. 81 – Fotolia / © Christian Deppisch; S. 82 (mitten) – Fotolia / © Konstanze Gruber, (Zettel) – Fotolia / © Tom Bayer; S. 84 – Unilever / Dove; S. 86 (links) – Fotolia / © Chris Lofty, (Mitte oben) – Shutterstock / © Vitalii Nesterchuk, (Mitte unten) – Fotolia / © Justin Rosenberg, (rechts) – Fotolia / © Krzysztof Walkow; S. 87 (links) – Fotolia / © Kurhan, (rechts) – Fotolia / © muro; S. 88 – Wikipedia / Patzi; S. 90 (links) – ČTK / AP / Joerg Sarbach, (Mitte oben) – ČTK / Stanislav Zbyněk, (Mitte unten) – Shutterstock / © VikaSuh, (rechts) – ČTK / XINHUA / Ren Zhenglai; S. 94 (von links nach rechts) – Fotolia / © Franz Pfluegl, ČTK / KEYSTONE / Gaetan Bally, Fotolia / © Alexander Rochau, ČTK / EPA, Fotolia / © Suzanne E., Shutterstock / © Carsten Medom Madsen, ČTK / AP / Ronald Zak, Fotolia / © blende40, Fotolia / © rcaucino, Fotolia / © Igor Groshev, Shutterstock / © Carolina; S. 95 – Fotolia / © creative studio, Fotolia / © Light Impression, Fotolia / © Norberto Lauria, (Landkarte) – Fraus Verlag / Petr Vítek; S. 97 – Fraus Verlag / Karel Brož; S. 99 – Shutterstock / © GLUE STOCK; S. 102 (links) – Fotolia / © Thomas Gebhardt, (rechts oben) – Fotolia / © Claudia Saputo, (rechts unten) – Fotolia / © pressmaster; S. 103 – Fotolia / © Walter Luger; S. 105 – Photos.com; S. 106 – Fraus Verlag / Karel Brož; S. 108 – Fraus Verlag / Karel Brož; S. 109 – Fraus Verlag / Karel Brož; S. 110 (1, 3) – Photos.com, (2, 5) – ČTK / AP, (4) – ČTK / DPA, (6) – Fotolia / © Marlee, (6, unten) – Karl Leitdorf / Grünes Band, (7) – Fraus Verlag / Petr Vítek, (Logo) – Grünes Band; S. 111 (von links nach rechts) – Shutterstock / © loriklaszlo, Shutterstock / © Jitloac, Shutterstock / © Marek Cech, Shutterstock / © Robert Hardholt; S. 112 (Portraits) – Photos.com, (Lehrbuch) – Cornelsen Verlag, (unten links) – Karl Leitdorf / Grünes Band, (Mitte unten) – Fotolia / © philipus, (rechts unten) – Photos.com; S. 113 (links) – Wikipedia / CTSWyneken, (mitten) – Wikipedia / Martin van Meytens, (rechts) – Wikipedia / Library of Congress; S. 115 (Landkarte) – Fraus Verlag / Petr Vítek; S. 118 – Fraus Verlag / Karel Brož; S. 119 (von links nach rechts) – Fraus Verlag / Karel Brož, Věra Frausová, Fraus Verlag / Karel Brož, Photos.com